Het water is heerlijk

Eerste druk, april 1993
Tweede druk, december 1993

ISBN 90 261 0608 4
© 1993 Toon Hermans/Uitgeverij De Fontein bv,
Postbus 1, 3740 AA Baarn
Ontwerp omslag: Harm Meijer
Verspreiding voor België: Uitgeverij Westland nv, Schoten

Toon Hermans

Het water is heerlijk

Fontein

Dagboeknotitie van vrijdag 14 september 1990

'... Rietje belt uit het zwembad van het hotel en zegt dat het water heerlijk is...'

Het water is heerlijk
Ik voel dat ik het nog eens zeggen wil:
Het water is heerlijk.
en nòg eens:
Het water is heerlijk.

Het water wast oude vingerafdrukken van het raam,
wist de voetstappen uit op het witte marmer
in de mooie serre van Hotel du Cap,
het spoelt de vieze kankerpillen naar binnen
die de pijn misschien even verzachten.
Het water droogt de tranen,
maar al het water van alle zeeën
zal nooit mijn herinnering aan haar uitwissen.

Ik blijf haar zien
als een zon boven het water
en boven het land,
ik blijf haar horen
als een zachte melodie die de kamer binnenkomt
in de stilte van de avond of 's morgens vroeg.

Haar handen liggen als bloemen in mijn handen
en haar woorden koester ik als edelstenen.
Ik heb te veel van haar gekregen
en wat ze me gaf blijft ze me geven
en het wordt meer nog met de dag,
meer dan een blad van een dagboek,
meer dan alles wat gezegd is
en geschreven.

Ik doop mij elke dag in haar.
En het water is heerlijk.

ZOALS DE ZON deze zondag zomert
zo heb ik haar nog nooit gezien
die hartverwarmende glans
die van zo hoog zo onnoemelijk veel omvat
het is te veel voor woorden
dat is het goddelijk geniale
van zijn meesterwerk dat wij leven noemen
het is gemaakt van feestelijk brandend hemelgoud
en het tedere rose van rozen
maar ook van de vale kleurloze morgen
zijn aarde heeft het gezicht van een glimlachend kind
maar ook de lusteloze vermoeide oogopslag van de ouderdom
naast de steigerende schimmels van het feest
staan de stille zwarte paarden van de rouw
zo is het ondoorgrondelijke meesterwerk samengesteld
ons staat niets anders te doen
dan te juichen in de zon
en stil te zijn in de nacht

SOMS VOEL IK mij achter de rivier aanlopen
en ik voel mijn onmacht
soms herken ik in de snelheid van de wolken
mijn eigen traagheid
en in de vitaal gutsende regen
voel ik mijn zwakte
en in de warmte van de zon
word ik mijn eigen kou gewaar
zo leren de dingen van de aarde mij wie ik ben
ik voel me bijna lachwekkend
als ik naast de eik sta in het bos
hoe zwak zijn mijn armen
als ik zie hoe de bomen hun armen opheffen
wuiven in de wind en reiken naar de wolken
breed lachend in de zon
hoe flets is mijn gelaat
als ik het perk met de rozen zie
en tòch reiken mijn ziel en mijn gedachten
hoger dan de armen van de hoogste boom
reiken naar de hoogste wolken
ik voel diep in mijn hulpeloosheid
die ene vonk die wij de eeuwige noemen

Dorp

HET ZONDAGMIDDAGT IN het dorp.

Je hoort het aan de stilte.

De scheve witte boerderijtjes staan devoot in het zonnetje en de dorps-
straat is uitgestorven. De boer en zijn vrouw zijn een uurtje naar bed
gegaan en verlustigen zich wat in elkaar, omdat ze daar op een doorde-
weekse dag geen tijd voor hebben.

De kinderen spelen stil op de deel, hinkelen wat en springen touwtje.
Alles rondom de boerderij heeft het ritme van de witte kippen die voetje
voor voetje voorttokkelen en wat in zichzelf lopen te mummelen.

Drie luie bimbammen vallen uit de kerktoren en rollen over de lage roze
daken. Uit een klein raam boven een grote donkergroene poort klinkt
het geluid van een tuba, een handjevol noten maar, die niet helemaal
willen lukken en weer telkens opnieuw worden geprobeerd.

En toch is er muziek die boven het dorp langs de hemel gaat.

Geen geschetter van mondain instrumententuig, geen hoor-ik-es-
paukenslag, geen wulpse pop en schmeichelende violen.

Er zingt iets van evenwicht in het licht boven het dorp.

Hier kijkt de wereld je nog aan met de ogen van het oude lieve trekpaard
in de stal, hier spreken de bloemen in kleuren van lang geleden, hier
schrijft de dag zijn liefdesbrief aan het leven nog met een griffel op een
lei, hier kruipen de uren als onzelieveheersbeestjes over je hand, hier
slaapt de vrede in het middaguur hand in hand met de liefde en hoem-
papaat het hart nog in de oermaat van het goddelijke.

Het zondagmiddagt in het dorp.
Ik loop er als een vreemdeling tussen de stille huisjes met de geraniums.

Ben ik zo ver weg van de oerheid van mijn bestaan?
Kom ik hier weer tegen wat ik kwijt was?
Ik heb ze lief, de deuren van dit dorp, de stoepen en de ramen, de rook
die uit de schoorsteen kringelt, de kinderversjes die het zingt, het naïeve
concert dat ik hoor in de stemmen van het dorpscafé en in het geklik van
de rode en witte ballen op het groene biljart.
De witte muren van de boerderijen ruiken naar zon en rondom het dorp
liggen de groene glooiende velden, die één en al liefde zijn.
Overal is wonder.

Wei

ZO ARMOEDIG EN uitgewoond als ons huis was, zo rijk en ruim was de wei, de onvergetelijke wei. Ze komt altijd weer terug, de groene wei. Ze lag pal voor ons huis. Weliswaar achter het prikkeldraad, maar de wei was van mij. Ik mocht er van de boer bloemen plukken zo veel als ik maar wou, maar er stonden er veel meer, in duizenden en nog eens duizenden gele tintelingen stonden ze daar, de hoge boterbloemen.
Soms drie, vier, vijf bloeisels aan één steel. Ik plukte mijn armen vol en nam ze mee naar huis, waar mijn moeder ze dan heel theatraal in ontvangst nam, als 'n soort operadiva na een ovationeel applaus. Dat kon ze zo mooi, dat heerlijke overdrijven. Ze prees de anderen de hemel in, maar ik heb van haar zelden of nooit applaus voor zichzelf gehoord. Iedere keer als ik terugkwam uit de wei zei ze opnieuw: 'Zó'n móói boeket heb ik nog nóóit gezien,' en dan straalde ik ongeveer dezelfde stralen uit als de boterbloemen.

Ik weet niet wat ik had met die wei. Misschien was het wel het groen, gewoon de kleur groen waar ik mij in wentelen kon als in water. Een vis in het groen, dat was ik zo'n beetje.
Altijd was ik er te vinden. Ik had een neus voor de geur van het gras, de bloemen en de koeien. Die beesten hadden iets mysterieus, en zeker geen domme ogen. Ze keken je vol aan vanuit een opvallende rust. En als ze zo lagen te kauwen was het alleen de bek die bewoog. Voor de rest lag er een hoge berg leven roerloos in het gras, en 's avonds vond ik ze zo mooi, die koeien. Dat stille staan in het donker, hoe dan dat zwart en wit stilaan vervaagde in de vallende avond, en er alleen hier en daar nog wat van hun witte vlekken overbleef. Ik zag de vliegen zitten op hun snuit zonder dat zij zich daarover bekommerden, en dan dacht ik aan onze onbarmhartige vliegenvanger die in de keuken hing, en die voor diezelfde vliegen een gewelddadige dood betekende.

Ik zag de vlinders fladderen boven de halmen in hun hobbelende vlucht, en sidderend neerstrijken op de gele kroontjes van de bloemen. De witte vond ik het mooist, met hun fragiele zeiltjes. Dan kwamen de citroengele. Die twee waren mijn liefste vlinders. De andere waren veel uitvoeriger van kleur, met oranje motieven in omber-achtig zwart of blauw. Die vond ik ook mooi, maar weer anders mooi dan de witte en de gele.

Nog heel vaak til ik 's zomers en ook wel eens midden in de winter het prikkeldraad op om een hernieuwde entree te maken in de groene droom van mijn kindertijd. Soms was de lucht zó zuiver, dat ik stil 'n gebedje zei, en ik voelde de boterbloemen smelten in de zon. Dan keek ik naar de plechtige hoge kerktoren die altijd 'n beetje grijs en dreigend op de achtergrond stond en waaiden er plotseling deftige Kyrie-eleison-orgels door de wei en ik zat weer opeens, bang voor mijn onkuisheid, in de biechtstoel, omdat ik dacht dat God boos op me was.

Gebedje

Mijn God
ik ben Uw mens
ik grens
aan U
bij U
ligt einde en begin
Uw lach, Uw pijn,
Uw zucht,
Uw lucht
adem ik in

Dag God

Hij schiep het licht
noch traag, noch vlug,
gaf ogen zicht
aan mens en mug,
hing sterren op
aan het plafond,
'n witte maan
'n rode zon,
nu zit Hij op zijn hemeltroon,
ik zeg: 'dag God',
Hij zegt: 'dag Toon'.

Goudreinetten

STIL EVEN!
Ik ruik de geur van goudreinetten.
Ze liggen naast elkaar op de houten vloer van de zolder bij mijn groot-
moeder.
Hoe oud is die geur en hoe goud zijn de reinetten nog?
De zolder is nog altijd zolder. Zolderder kan het niet.
En ik hoor mijn grootmoeder nog zeggen:
'Jungske, hoal dich mer 'n eppelke, ze ligge op de zölder.'
Zo komt, met die geur van toen, zoveel terug van toen.
De geur draagt weer het gezicht aan van de oude vrouw die wij bonne-
mama noemden, ik zie de rozenkrans weer door haar oude handen
gaan, de kleine zwarte kraalprocessie en hoor in de stille keuken met de
blauwe plavuizen de waterketel met zacht geruis de grijswitte pluim uit
zijn tuitje blazen.
Ik zie een kind dat vaag in de ruimte van het kleine stadje staat. Goed
noch kwaad begrijpend. Verbouwereerd over het leven en diep onder
de indruk van het plaatselijke fanfarekorps, van de kerkklokken en de
kermissen en van het zotte carnaval.
Ik zie mijn vader die voor de deur van het kleine huis op zijn stoel ach-
teroverleunt tegen de muur, starend naar de hemel, wachtend op de
duiven die na hun lange reis uit Saint Vincent weer de Begijnenhofstraat
binnenvlogen.
Zo vliegen vogels af en aan in je leven, totdat ze stil blijven staan in de
lucht.
Versteend. Opgehouden. Ontvleugeld.

Ik vlieg met de zwerm mee als vogeltje T. En soms strijken er paradijs-
vogels neer met bekende gezichten die mij al zijn voorgegaan naar de
eeuwigheid.
Op hun vleugels dragen ze mij voort door de eeuwen der eeuwen van
het eeuwige licht.

School

WAT MIJ BOEIDE toen ik op school zat was de knikker die per ongeluk uit mijn broekzak viel toen ik er de zakdoek uit wilde halen. Ik hoorde hem door het hele klaslokaal lopen, totdat hij pardoes tegen de plint botste. Een knikker deed dat heel anders dan een vlakgummetje. Als je een vlakgummetje liet vallen, hortelhubbelde het met kleine sprongetjes rond. Absoluut onhoorbaar. Het vlakgummetje was in staat zijn eigen geluid uit te vlakken.

Een grote dikke inktvlek op een mooi wit vel papier, die opeens uit een te volle kroontjespen viel met nog een paar kleine spettertjes eromheen, of het witte gruis dat van het krijtje regende als de opgewonden schoolmeester zijn driftige letters op het schoolbord kraste zei me ook wel iets. Of het jongetje in de bank bij het raam dat zo hoestte omdat het altijd op de tocht zat. Of de eerste groene blaadjes van een boompje op de speelplaats, die zich in het voorjaar aan hetzelfde raam meldden. De groene cahiers met de witte etiketten, die de meester uit verveling van veraf op de bank mikte, de sandalen van de bruine pater met 's zomers blote voeten erin en 's winters blote voeten in dikke warme wollen sokken. En het allermooiste vond ik het als ik tijdens Franse les 'Le Pharmacien' mocht voorlezen voor de klas en ik hoorde de kinderen lachen.

Kapper

BIJ DE KAPPER ging mijn haar er zo goed als helemaal af. Het werd zo kort geknipt als maar kon, want de haarsnijder vroeg 15 cent per keer. We waren met vier jongens thuis en we konden ons die weelde slechts zelden permitteren. Als Bruintje het helemaal niet kon trekken, nam mijn moeder zelf de schaar ter hand en plukte een paar dikke vlokken haar weg bij de oren en in de nek.

Ik kreeg bij de coiffeur de allergoedkoopste behandeling. Na lang wachten mocht ik eindelijk in de kinderkapstoel plaatsnemen, de tondeuse deed haar onherroepelijke werk. ...Rats, rats, rats... en dat was mijn coiffure. Twee minuten later stond ik weer op straat.

Ja, het jongetje van Dupont, oftewel het zoontje van de notaris, die kreeg wèl de volle aandacht van de coiffeur.

Ik kreeg maar een klein handdoekje om, of soms iets van papier dat snel onder het kraagje van m'n hemdje gefrommeld werd, maar het notariszoontje kreeg de lange witte kapmantel om en ik zag dat zijn dure hoofdje onder toezicht van zijn mama met een duur geurtje uit een Frans flesje met een drukbal eraan werd bespoten.

Dit tafereeltje typeert de kleine stad van toen. Die was van de notabelen. Zij deelden er de lakens uit en wij, de stille armen, kwamen niet eens voor een zakdoek in aanmerking.

Ik voelde het drama van wie heeft en wie niet heeft niet alleen in mijn eigen botten, maar ik zag het ook als een schouwspel en leerde kijken naar de vadsige patsers en de onderdanige 'kleine luyden'.

Ik heb de grote leugen vroeg gezien en ging al gauw begrijpen dat het domme spel altijd om de knikkers gaat.

En toch rollen de knikkers in het leven altijd een onberekenbare kant op. De rijke patsers hebben in hun potsierlijke bungalows soms meer verdriet gehad dan de kleintjes in de rijtjeshuizen.

Knikkers hebben niets om het lijf.

Het laken en de zakdoek zijn even groot en alle geurtjes lossen weer op in de ruimte van het leven.

Ik maak mij er niet druk om.

Geen haar op mijn hoofd.

Agje

HET PIEREPIEREPIETSTAARTJE VERLEKKERT zich in de spitse koele waterpijltjes van de fonteinstraal op deze zomermiddag en de bonte kipperiken gaan stap voor stap keuvelend over het erf. Boy het oude werkpaard muffelt de vliegen uit z'n manen en schuurt met z'n nek langs de bleekblauwe staldeur.

Hellie de hond ligt langer dan languit aan de voet van de hooimijt naast de lege klompjes van Agje die hoog boven op het geurend warme hooi zo goed als naakt in de zinderende zon ligt. Ze heeft zichzelf 'n beetje ingegraven in het hete hooi omdat ze weet dat de veldwachter de verste verrekijker van het dorp heeft en verzot is op Agje met haar adembenemende boezerellen en haar goudstaverige dijen.

Agje is zomer.
Agje is zon.
Warmte en hooi.
Kind van het dorp.
Madonna van de aarde.
Engel van de hemel.

Oh hoeveel ogen van het dorp zouden haar daar zo willen zien in die badkuip van geurend hooi.

Zó puur, zó aards en hemels tegelijk, maar Hellie waakt naast haar lege klompen aan de voet van de hooimijt.

Ook ik heb haar gezien en haar gekend, met haar gedanst in de danstent in de wei. Ik ben met haar door het koren gegaan, heb haar op handen gedragen, maar als ze in de hooimijt klom kon ik er met m'n pet niet meer bij.

Ik liep achter haar in de bidprocessie en haar wervelkolom verwarde mijn 'Wees gegroet Maria'.

Tóch dacht ik in die jaren al 'Hoe kan in een wereld die zo wreed is en zo vreselijk, zoiets liefs bestaan als Agje uit het witte dorp met de biljartgroene poorten.

Triom

Triom, triom,
triom wil ik zijn
ik wil weer fantelijk zijn
triomfantelijk wil ik zijn
mijzelf bedwingen
het varken in mij de bek snoeren
de beer in mij vloeren
goudvis zijn zoals ik was
voordat ik viel
in het ravijn
van vuil en donkerwit
en kitsch en quatsch en leugen

Triomf, triomf
roept mijn kapotte keel
en ik speel
opnieuw het lied
dat ik verloor
en hoor weer
lekker wonder
jong en helder
en bid zoals ik bad
toen ik het leven nog
in ongeschonden handen had
ik voel het weer
het weer
de regen op mijn haar
en overal waar leven is
hoor ik de blije kop'ren bel
en spring weer op de carrousel
van kind zijn
leven zijn
en stukjes hemel vallen in m'n haar

Balans

Mijn mond loopt over
als 'n zee
die door de dijken breekt
er spreekt 'n stem in mij
die niet te stuiten valt
er is geen halt
zij raast maar door
zo opgetogen van verlangen
zo vlucht zij voort
zo opgelucht bevrijd
vanuit m'n diepste binnen
komen ongemaakte zinnen
ze zijn er voor dat je het weet
heet van de naald
het lijkt of alles nu wordt achterhaald
wat mij ontschoten was
er groeit weer gras op stenen
de vragen die ik had
vullen zich in
ik ben gelukkig
niet overdreven
maar er is balans
in de kadans van mijn bewegen
een vreemd soort zegen
wast m'n laatste vlekken af
en spoelt ze ver van mij vandaan
herboren sta ik in 't groene veld
ik lach zoals ik in geen jaren dee
en luister dankbaar naar m'n eigen zee
en zie wat zich in mij zo glorieus voltrekt
dat dit voor mij is weggelegd
ik heb weer zacht 'Mijn God' gezegd

Zien

IK WEET NIET meer wat ik dacht toen ik voor 't eerst 'n paard zag.

Was ik één en al verwondering toen ik voor het eerst het grote lieve bruine beest zag dat bewoog?

Dat is toch niet niks.

Heb ik me misschien toen afgevraagd hoe het mogelijk was dat zo'n groot ding kan bewegen en kan kijken en draven?

Ik weet het niet.

Of was ik misschien een beetje teleurgesteld dat je het levende niet kunt zien, omdat het zich schuilhoudt in de vorm,

verbergt in de kleur.

Of denk je daar als kind niet over na?

Van wat ik dacht toen ik voor het eerst een zwaan zag weet ik méér.

Dat herken ik nog.

Zou dat misschien komen door het water waar zij zo zacht op bewoog?

Dat is toch een heel ander bewegen dan lopen in de wei of vliegen in de lucht?

Het sierlijke deed me wat, het witte onbesmette, de elegante ritmiek en voor alles de zachtheid, die zwaanse zachtheid wilde ik onmiddellijk aaien, maar toen zei m'n moeder: 'Pas op, ga niet zo dichtbij!' 'n Opmerking waar ik later nog vele malen last van heb gehad als ik weer eens iemand aaien wilde.

Hoe dan ook, ik stond dichter bij de zwaan dan bij het paard.

Lief waren ze allebei, maar de zwaan was zachter en ze deed me ook denken aan hotel De Zwaan, waar mijn vader wel eens zat te kaarten.

Als ik jou zie, Marieke,
ik beloof je
dat ik dan heel goed kijken zal.

Niet om te zien
hoe lang je hals is of je benen.
Niet of je ogen blauw zijn,
of zeegroen, of amandelbruin.

Nee, ik zal goed kijken
of ik kan zien wie je bent,
wat er voor licht in je brandt,
wat er voor geuren opstijgen
uit je stem en uit je gelach.

Ik zal kijken naar je gang,
naar hoe je beweegt
en als je zegt
dat je me aardig vindt
zal ik je woorden
tegen het licht van de zon houden
en zien of ik je warmte voelen kan.

10 centimeter

| --- | --- | --- | --- | --- | --- | --- | --- | --- | --- |

Jouw leven is (ik zeg maar wat) 10 centimeter lang.
Op die afstand kom je 3 x iemand tegen.
Die kom je niet zomaar tegen, die moet je tegenkomen.
Anders is je leven niet compleet.

| --- | --- | --- | --- | --- | --- | --- | --- | --- | --- |

De eerste kom je tegen na (ik zeg maar wat) 2 centimeter,
de tweede kom je tegen na 5,5 centimeter
en de derde na zeven.

| --- | --- | --- | --- | --- | --- | --- | --- | --- | --- |

Zij zullen je verdriet brengen, of geluk,
maar alle drie vullen ze elkaar aan
en passen ze in jouw leven.

| --- | --- | --- | --- | --- | --- | --- | --- | --- | --- |

3, 4, 5, of 6 maal of soms nog meer malen in je leven
kom je grote mensen, of grote dingen tegen
die je leven beïnvloeden
en je voelt dat het bijna ondraaglijke verdriet erbij hoort,
zoals ook het meest gelukzalig makende geluk.

| --- | --- | --- | --- | --- | --- | --- | --- | --- | --- |

Je mag dansen met je geluk en schreien met je verdriet,
als je maar goed weet dat het bij je leven hoort
en dat je leven
(ik zeg maar wat)
maar 10 centimeter lang is.

| --- | --- | --- | --- | --- | --- | --- | --- | --- | --- |

Zij zit vol kleur

ZEEGROEN EN MATROZENBLAUW, alle vermiljoenen van de zon draagt ze met zich mee. Diep in haarzelf draven de roodbruine okers en ombers als hengsten door het open veld. Ze heeft het wit van de sneeuw in haar handen en het zilver van de regen in haar ogen, maar ze kijkt kleurloos voor zich uit en geeft de kleur naar buiten uit geen kans.

'Jij met je godganselijke palet!' roep ik dan.

'Zet je dagen niet als lege zakken naast elkaar maar schilder ieder uur vol tot aan de rand. Kom uit de lege stilte van jezelf, uit het nutteloze, want je hebt de daverende stillevens bij je, van rijpe vruchten en bloemen in duizenderlei tinten. Ga naar je atelier!'

Ik zie je weer staan in de grote witgrijze ruimte met planken vloer, tussen ontelbare potten verf, in je spijkerbroek op je blote voeten en met één zwaai van je sterke arm spettert opeens een regenboog door de ruimte en koperen bombardonnen spuiten gouden regen naar het Sèvres-blauw van de hemel en jij bent de vliegende vogel in de ruimte en met windkracht tien daveren je papavers op het linnen en de klaprozen in het rijpe koren. Naakten van goud-geel-roze op sneeuwbloembedden drijven als wolken door de ruimte aangeraakt door jouw toverhand.

'Doe in godsnaam wat je moet doen. Blijf niet zitten met die leegte in je armen, maar omhels de kleur van de hemelhoge cypressen en het diepe blauw van de zee.'

O, als ik had wat jij in je handen hebt en in je hart, ik zou alle muren volschilderen en het plafond en de vloer. De vroegte van de ochtend zou ik vastleggen op het linnen en de geheimzinnige duisternis van de nacht, de sterren en de maan en de ogen van de oude clown, het kind dat glimlacht, de engelen van de stoomcarrousel, en de voetballers die naar de sterren reiken.

Dit is de laatste keer dat ik het je vraag:

'Schilder jezèlf en word gelukkiger dan je ooit bent geweest!'

Konijn

ZE WAS KONIJN geworden, een wit konijn, dat op zachte bijna onhoorbare voetjes door het leven ging. Zacht en lief, op het schuwe af. Hartsgeheimen, verlangens en driften bedekt onder het wollige witte velletje. Onopvallend had ze zichzelf gemaakt en van lieverlee het witte zachte konijn in zichzelf opgebouwd. Ze schoot wel eens even uit haar witte slofjes en riep soms wel eens even: 'Laat dat!' tegen de kinderen. Maar zij koesterde haar zachtheid.

Klein wilde ze zijn.

Konijn wilde ze zijn. Ze streelde zichzelf en haar kleine angstjes en zo ging ze op die witte zachte voetjes ook door het huis en veroorloofde zich slechts heel af en toe een klein wit sprongetje. Bijvoorbeeld als de zon scheen en de kinderen er in de tuin een dolle boel van maakten. Ik zag haar zitten onder de struiken, of in de schaduw bij het perk, lief rondkijkend onder de bomen, en in alles wat ze deed zag ik haar konijn-willen-zijn, zo wilde ze geaaid worden en niemand mocht haar aan het schrikken maken, want, 'O, ik schrik zo gauw', en als mensen luid spraken of luid lachten ging dat dwars tegen haar konijnezieltje in en ze hield haar witte oortjes dicht als er vliegtuigen overkwamen.

Ik had het graag anders gezien, maar wie ben ik en waar bemoei ik me mee? Ik vond het jammer, als ik die witte konijnestilte om haar heen waar kon nemen en die beetje bange 'ik ben op mijn qui vive-blik' in haar ogen las. Dan wilde ik dat ze in plaats van die weifelende schoorvoetende gang ooit eens de gedurfde sprong van de kat zou maken, dat zij ooit eens haar rug fel zou krommen om als een pijl uit 'n boog weg te schieten de boom in waar de rijpe vruchten lonken, of dat ze ooit eens de moed zou hebben om in de zachte stilte van de nacht luidkeels 'Ik heb je lief' te miauwen, drie, vier, vijf, zes keer achter elkaar. Ik weet dat ditzelfde dromerige witte konijnelijf dezelfde katachtige behendigheid in zich draagt en dat er ongehoorde kreten van verlangen en geluk opgekropt schuilen in haar verwend fluwelen keeltje.

26

Is het niet een beetje zo met ons allemaal?

Richten we allemaal niet in onszelf een beestje op dat we niet zijn, waar-in we alles kunnen verbergen waar we niet voor uit durven te komen? Ik geloof dat het krioelt van mussen die minstens merel zijn of nachtegaal of andersom.

Wie je ook ontmoeten zal, altijd kom je een geheim tegen.

In het diepste innerlijk schuilt het raadselachtig verborgene van het eigen ik.

Lach

Dit is de stralende lach van menselijk vrolijk zijn.
De gewone blijheid van de geranium aan het raam,
het engelachtige deuntje dat duidelijker is dan elke taal,
klein ademend geluksgeluid.

Zo waait het geluk mijn kant op als de geur van bloemen,
als zonnepitten op m'n paraplu,
als het wijsje van de hoempapa,
de glimlach van het kind,
jouw open armen en je zachte lippen.
Je houdt het niet tegen. Waarom zou je?
Zo komt ook de droefheid mijn kant op met die onverbiddelijke
stap.
Toch is God goed,
ook al springt mijn vriendje Chet Baker uit het raam
in Zijn armen.

Luisteren

Kun je luisteren als ik iets lees,
of denk je toch aan snijboontjes, pianoconcerten,
goudvissen, melaatsen,
wervelwinden, of stropdassen?
Zie je jezelf naakt in de spiegel,
lachend of spelend met je vingers,
ben je afgeleid door de blaffende hond,
of de voorbijrazende D-trein,
huil je mee met de baby die schreit,
of zit je vol verlangens
die zó je hoofd vullen
dat er eigenlijk niets meer bij kan
op dit moment
en dat je daarom niet luistert?

Zeg het dan alsjeblieft.
Ik heb er alle begrip voor.
Laat de orgels maar spelen in je oren.
Laat de handen van je minnaar
maar naar je reiken.
Ik gooi jouw spiegel niet kapot.
Wees maar niet bang.

Ik zal je hooguit strelen
waar je wilt dat ik je streel.
Dan hoef je ook niet meer te luisteren
als ik iets lees
en alleen nog maar te voelen
waar mijn vingertoppen heen gaan
op het pad van je huid.

Héé, ik heb je lief

'HÉÉ IK HEB je lief!' riep Herman toen hij de keuken binnenkwam en toen Tina zich bukte, legde hij even zijn rechterhand op haar heup.
'Ik jou ook!' riep zij zangerig.
'Nee, ik maak geen grapjes, ik meen het echt hoor, malle meid.'
'Ik meen het ook, ik ben smóórverliefd!' riep ze met een langgerekte o en zette de bordjes voor een boterhammetje op tafel. Het theewater kookte. Zo dolden ze samen dag aan dag. Altijd elkaar even aanraken, af en toe een zoen op de wang en als zij een wat laag bloesje aanhad, kuste hij haar wel eens op haar hals, maar dat ging altijd met de zwier van gek-kigheid, net te vrolijk en net te zot om echt teder te zijn, of lief.
Wat was dat dan dat regelmatig roepen van allebei: 'Ik heb je lief', of 'Wat zie je er goed uit', 'Ik vind je zo mooi', 'Nee, ik mag je echt heel graag'? Dat was zoiets van even iets lekkers proeven en het dan weer op-zij schuiven. Een beet in een zoete appel, een slok van vurige wijn. Altijd even maar en dan braken ze het weer af. Dan ging het soms weer een he-le poos over de allergewoonste dingen van de dag. Tot er weer plotseling zo'n vlaag van liefkozingen opstak. Dan sloeg hij zijn armen om haar heen en hoewel zij niet uitbundig reageerde, leek ze het ook niet onbe-haaglijk te vinden. Ze kusten elkaar op de mond, maar daar volgde bijna onmiddellijk een grapje op.
Was er een soort gêne en wilden ze het spel, toen het eenmaal zo liep, niet onderbreken om elkaar niet te kwetsen? Wist hij van haar dat het tòch niets werd omdat hij veel ouder was? Het echte was niet van het spelletje te onderscheiden en zo bleef het voortduren, weken, maanden lang.

Op een dag zou hij weer eens een boterhammetje eten bij haar in de flat. Hij kwam binnen langs de achterdeur en zag dat zij op de rode pluchen bank lag te slapen. Ze keek niet op toen Herman binnenkwam en sliep rustig door. Dit was nooit eerder gebeurd. Hij had zijn entree van 'Héé, ik heb je lief' overgeslagen en zij had niets teruggeroepen op zijn liefdes-verklaring. Er waren geen grapjes en in die stilte waren ze nu samen, ook al wist zij dat niet. Ineens zag hij haar met andere ogen. Zijn blik streelde haar hele lichaam: het mooie gezicht, de gevouwen handen en de opgetrokken knieën.

Lang heeft hij naar haar staan kijken in het kleine kamertje en zo heeft hij het gelaten.

Hij legde 'n briefje op de keukentafel met 'Héé, ik heb je lief' erop en trok de achterdeur achter zich dicht.

Toen ze wakker werd en in de keuken de tafel zag, die ze voor hen twee-en had gedekt, vond ze het briefje met 'Héé, ik heb je lief' erop. Het was maar één zinnetje, maar ze ging er voor zitten en las het steeds opnieuw: 'Héé ik heb je lief'.

Denise

IK WEET HET wel, Denise, jij bent een kind van de klok, jij hebt dat punctuele. Sorry, dan is het met mij slecht kersen eten, want ik eet ze op zonder op de klok te kijken. Misschien eet ik ze al op in de boom. Jawel, ik zou zeker een handvol kersen meenemen voor je, maar vraag me niet op de kers af, hoeveel een handvol kersen is. Dat red ik niet. Van hoeveel regendruppels word je nat? Ik heb geen flauw idee. En hoe lang en hoe traag valt de sneeuw? En hoe dik ligt ie op het ijs en hoeveel vlokken vielen er in je haar? De zon, hoeveel zweetdruppels haalt ze uit een lijf? Ik zou het uit mijn blote hoofd niet kunnen zeggen. En ook niet als ik een petje opzet.

Ik gooi er maar met de pet naar en sla een slag in de slagregen. En de zon, ik wil er wel in baden, maar niet de graden tellen. Evenmin als de kersepitten. Eerder zou ik de wind willen zijn, die zomaar wat rond rent en blaast en ook zomaar ergens gaat liggen en als ze vragen waar ligt de wind, kan niemand de plek aanwijzen.

Ja, jij bent anders, Denise. Ik mis volslagen de accuratesse van jou. Jij weet waar Abraham de mosterd haalt. Ik maak me sterk dat jij ook weet waar de herdertjes bij nachte lagen of hoe de voerman heette van het karretje dat op de zandweg reed. Ik voel me bijna schuldig als mijn teen uit mijn sokken steekt, of als ik mijn haren kam met mijn vingers, als mijn broek afzakt of als de rits van mijn gulp op de helft blijft steken. Ik zie mijn nonchalante losbol al rollen door jouw zorgvuldige porseleinkast.

Hoe moet dat dan als jij van mij zou houden en ik van jou. Zou jij de maten nemen van mijn ledematen, van mijn armen en mijn kussen en op je eigen kussen blijven liggen, of vat jij dan plotseling vlam en verbranden al je tabellen en je meetsnoeren, je agenda's en secondewijzers. Zul je me zoenen als een gek en ik jou en zullen we, omdat we zo verschillend zijn, plotseling samen ontaarden in de volslagen gelijkheid van het liefdespaar.

Misschien moet ik wel leren om Denise te zeggen, zo gewoon als ik Annie zeg. Als jij je liniaal verbrandt wil ik het wel proberen. Hoewel ik niet geloof in manchetknopen of in een scheiding in mijn haar, in schone brilleglazen en gepoetste schoenen. Ik betwijfel of ik vlekkeloze zinnen kan zeggen, die helemaal af zijn. Ik ben bang dat ook mijn woorden, als de rits van mijn gulp, halverwege blijven steken.

Maar aardig vind ik je wel, Denise. Hoe kan een mens de wind vangen met twee verliefde armen. Als hij weg wil waaien, verdwijnt hij toch onopgemerkt. Maar ik vind je wel aardig, Denise. Nee, ik lig er niet van wakker hoor. Ga in godsnaam niet uitrekenen aan hoeveel uren slaap ik genoeg heb en tel alsjeblieft niet de sneetjes brood in het broodmandje.

Laat mij maar de zwerver zijn die ik ben en altijd ben geweest. Ik heb gezongen in het café van de wanorde en op de kermissen waar de tijd niet telt, ik heb in het koren gevreeën met de meisjes van het dorp, die zonder te denken liefhadden als een wervelwind. Dat beetje dat ik ben, heb ik van hen en van dat volk. Ik ken de landweg beter dan de symmetrische boulevard. Wat moet jij, Denise, met zo'n halve gare Prins Carnaval?

Bijdehand

ik ben niet dol op
van die bijdehante vrouwtjes
die zo slagvaardig
overal hun slagje slaan
altijd handig met
de handjes uit de mouwtjes
het snelle typetje
dat trekt me niet zo aan
dat ze verbaal begaafd is
en zo mooi kan schrijven
zijn niet de dingen
die ik echt belangrijk vind
'k wil weten of ze fluisteren kan
en samen met me luisteren kan
naar het wonderlijke ruisen van de wind

Povere vrijage

samen staan
zag ze wel zitten
samen zitten
ook nog net

samen liggen
was wat anders
je kreeg 'r voor geen goud in bed

samen snuffelen
samen knuffelen
desnoods in het trapportaal

dee ze zingend
dee ze fluisterend
maar uitsluitend verticaal

Viool

'KUN JE VIOOLSPELEN?' vroeg zij.

'Nee, dat kan ik niet,' zei hij.

'Hè, wat jammer, vioolspelen windt me zo op.'

'Ik heb wel klarinet gespeeld in een dixielandorkestje.

'Dat is best leuk,' zei ze, 'maar dat doet me niks.

Vioolspelen windt me op, als de stok over de snaren strijkt, is het alsof er vingers over mijn haren strijken, vioolvingers, en dan hoor ik de muziek, maar ik voel de muziek ook en dan zingt het overal in mij en dat heb ik niet met klarinetten.'

Hij ging onmiddellijk naar een vioolbouwer en kocht een tweedehands viool, studeerde zich een ongeluk met zijn 62-jarige vingers en na een maand of zes speelde hij '*Yesterday*'. Toen ging hij naar haar terug.

Zij deed open en keek naar de zwarte vioolkoffer.

'Ik heb koffie,' riep ze. 'Wil je?'

'Als je hebt,' zei hij beleefd.

'Ja ik heb,' riep ze luid terwijl ze zich al naar de keuken spoedde. Toen ze terugkwam had hij de koffer al op zijn schoot.

'Zal ik je wat vertellen,' zei ze, 'laat de doos maar even dicht, ik hou helemaal niet meer van viool. 'k Heb er meer dan genoeg van! Ik heb een knaap ontmoet die heel mooi speelde en ik heb hem hierboven nog mijn beste kamer verhuurd. Ik dacht dat ik gek werd van Mozart en Brahms en hoe ze allemaal mogen heten, ik kon er absoluut niet meer tegen. Doe me 'n plezier en laat dat ding dicht.'

Hij klikte teleurgesteld de vioolkoffer dicht en nam 'n slokje koffie. Nu had hij de gewoonte om als hem plotseling iets tegen zat, even rustig te ijsberen door de kamer en er een deuntje bij te fluiten. Maar omdat ze zo samen aan de koffie zaten, kon hij deze therapie niet uitvoeren. Toen ging de bel.

'Sorry,' riep ze nog, sprong op en liep snel naar de voordeur.

Hij hoorde dat haar stem zich mengde met het geluid van een mannen-stem. Een leverancier, dacht hij. En dat was het. Hij profiteerde van zijn alleen zijn en maakte zijn bekende therapeutische stapjes door de kamer terwijl hij er zacht bij floot: 'Yesterday'. Na één coupletje hoorde hij de voordeur dichtslaan. Op haar tenen kwam ze terug.

'Fluit verder,' riep ze, 'fluit verder, fluit voort, kom, fluit voort!'

En hij floot verder en hij floot voort en zij ging liggen op de sofa.

'Wat windt me dat op,' zei ze, 'o wat windt me dat op, dat gefluit van jou. Fluit verder!'

En hij bleef fluiten, blies zichzelf als het ware in trance en toen hij dacht dat zij haar ogen sloot, deed hij ook zijn ogen dicht. Zij liet haar schoen van haar voet glijden. Dat zag hij nog net. Maar plotseling hield zijn fluiten op. Hij voelde haar mond op zijn mond en zachtjes zei ze:

'Ik heb jouw fluitje ingeslikt.'

En de middag verliep met stukjes kussen, stukjes fluiten, stukjes kussen, stukjes fluiten.

Schoonheid

ALS HENRI MATISSE nog leefde zou hij je morgen vroeg bij het krieken van de dag moeten schilderen. Liggend naakt. Van Napels geel tot oker, van lichtroze tot vlammend vermiljoen. Op een grasgroene sofa tegen een fond van lieve blauwen en aubergine paars.

Ik zie je daar liggen in een passe-partout van witte seringen. Je ogen als blauwe meren en handen met vingers vol muziek. Jij bent het landschap van de liefde met de mooiste heuvels aller vrouwen, de rondingen van zon en maan, de zeegroene woorden en de glimlach van witte parels.

Onophoudelijk zou ik naar je kunnen kijken en door jouw landschap dwalen, waar je wolken drijven boven de fijne adertjes die zich heel zacht gepenseeld als riviertjes aftekenen als je armen zich strekken om lief te hebben.

Nee, ik heb geen woorden en geen kleuren voor jou. Wie kan de bewe-ging vangen van jouw lijf, het gaan van jouw voeten, het tasten van je hand? Wie kan vastleggen in woorden of op linnen hoe jouw vingers door je haren gaan, jouw verwondering, of jouw zorg in je ogen, de klank van je stem? Wie zou jouw lippen durven uitspreken of jouw schaterende lach kunnen vastleggen in wit marmer. Het zal niet gaan. Woorden noch kleur kunnen zijn als de lieflijkheid van jouw geuren, als de zachtheid van jouw streling, als de warmte van jouw blik.

Soms is de liefde te groot voor woorden en voor vorm, voor houtskool of voor kleur. Ik heb geprobeerd jou te maken van zee en zand, ik heb het gevraagd aan de goudsmid en de zilversmid, aan de beeldhouwers en de diamantslijpers, ik heb geprobeerd om je met een bijna onzichtbaar lijntje vast te leggen op smetteloos wit papier. Ik zou je uit de eeuwenoude boomstammen willen snijden. Als ik je maar bij me kon hebben. Maar je loopt als water door mijn handen en gaat mijn verstand te boven.

Dit en nog veel meer schreef ik in een lange brief voor haar. Ze stond in de keuken twee verse kroppen sla te wassen onder de kraan. 'Ik ben nu even bezig, schat,' zei ze, 'leg het maar op de keukentafel.' Daar heb ik mijn mooie zinnen neergelegd, op de keukentafel, want daar horen ze thuis, in de aanbiddelijke schoonheid van het alledaagse.

Rijgen

In 't
ongerepte
zwijgen

hoor ik
verstilde
minnezangen

en
herken
mijn
diep
verlangen

droom
en
droom
aaneen
te
rijgen

Alles

als jij
je rokken optilt
mag je door mijn vijver lopen
en je mag 't ook als je ze niet optilt
en mag ik jou dan tegenkomen op jouw pad?

jij mag in mijn bosje komen
mag ik dan in jouw zon zitten
ik heb wolken die ik met jou wil delen
en velden vol groen en blauw
daar mag jij boeketten van maken
mag ik dan ook lopen onder jouw regenboog?

ach
wat zeg ik allemaal
niets kan ik verzinnen
wat jij niet mag

jij mag je spons uitwringen op mijn rug
je hart uitstorten in mijn handen
je haar wassen in mijn rivier
je voeten leggen op mijn knieën
en je handen op de toetsen van mijn vleugels

vraag me niet wat mag
ik vraag het jou ook niet meer
als wij wij zijn
in de eenheid
van alles mogen
dan zijn we liefde

alles

Liefje mag ik

LIEFJE MAG IK spelen in het zachte zand van je buik en tussen de duinen van je borsten. Mag ik in je armen klimmen, zoals ik als kind in de takken van appelbomen klom en in de appels beet die nog aan hun steeltje hingen. Mag ik wandelen door je haar als door een woud van warme bladeren. Mag ik liggen op jouw mos en luisteren naar jouw vogels die zingen in jouw ziel. O, ik heb ze al gehoord toen je fluisterde aan m'n oor en toen je verzadigd zuchtte.

Ik wil natte zandgebakjes bakken op je dijen, spelen als kinderen aan het strand, dansend in de branding van ons verlangen. Als een vogel wil ik neerstrijken op je polsen en uit de palm van je hand wil ik de woorden opeten die je zegt, een voor een. Ik wil kiekjes maken in kleur van je lachende mond en inlijsten in het raam van ons leven. En van de tranen die je schreit zal ik een feestje maken dat je alles doet vergeten.

Ik wil alles van jou. Die grote oogappels en je kleine teentjes, je sproetjes en je tepels. Je droef en je blij. Je lieve zachte lijf, maar ook jouw nobele zwijgen, het lieve kijken dat zoveel zegt. Het reiken van je hand naar de mijne. Ik wil je helemaal van buiten en van binnen. Je leven, je geheim.

Telefoon

Vanmorgen luister ik
naar de stilte in mijn kamer.
Mooi,
heel mooi,
maar toch ben ik blij dat de telefoon gaat.
Een stem is 'n kamer vol woorden
en de stilte geeft zich gewonnen.
Kom, fluister in m'n oren, lief.
Roep iets,
of zing me warm.
Nee, je belt me niet uit m'n bed.
Ik lig er nog in
en luister naar je.
Zeg het maar...
Zeg het maar...

Toch

Ze zijn klein
mijn gedachten
als belletjes
uit porseleinen belleblaaspijpjes
met van die breekbare steeltjes
en de woorden uit mijn pen
zijn dunne krasjes op het ijs van de eindeloze rivier
toch schuilt er
in mijn belletjesbolletje
een zielevonk
die méér licht geeft
dan alle zonnen van alle zomers bij elkaar
en het licht is eeuwig
en lichter dan het lichtste belletje
uit mijn porseleinen belleblaaspijpje
en ik schaats
op het ijs
van Gods eindeloze rivier
tussen de bijna onzichtbare krasjes
van mijn pen

Goede Vrijdag

GOEDE VRIJDAG HAD bij ons thuis een eigen sfeer. Als we die dag buiten speelden riep moeder ons tegen drieën naar binnen. Zij had ons verteld dat op die dag Jezus van Nazareth was gestorven aan het kruis en daarom had die dag en vooral dat uur een uitzonderlijke betekenis gekregen. Het was nèt of het leven die dag overal 'n beetje doodging en vooral binnen in ons huis als we er samen, om klokslag drie uur, knielden rond het kastje waar mijn moeder dan een soort altaartje had gemaakt.

Ik weet dat ik het lijdensverhaal in en in treurig vond. Misschien te treurig voor kinderen. Hoe kun je een mens die zó lief en aardig is, die blinden laat zien, kreupelen weer doet lopen en doden weer laat opstaan, hoe kun je zo'n mens dood martelen en ophangen aan een kruis?

De hele dag bleven we in die sfeer, onder de indruk van die lieve man, die daar, half ontbloot en met spijkers in handen en voeten geslagen, vóór ons hing aan het kruis, dat met een waxinelichtje ervoor op het altaartje stond.

Dit beeld van de man van smarten die gelijktijdig de grote weldoener was, de genezer die kwam vertellen van eeuwig leven, het beeld van die man heb ik nu nog altijd bij me en als mijn kinderen vandaag rond dit middaguur buiten zouden spelen, zou ik ze naar binnen roepen en opnieuw hetzelfde verhaal vertellen van de grootste en de meest liefdevolle mens die ooit rondwandelde op deze aarde.

Misschien zal ik nu tegen drieën hakkelend een paar woorden zeggen en mijn eigen kleine lijden 'n beetje vergelijken met zijn verschrikkelijke sterven, en ik zal zeker, al doe ik het nog zo onbeholpen, bidden voor de moeder van mijn kinderen en voor mijn moeder die mij op een zó eenvoudige manier vertelde van de zoon van God. Ik zal proberen me de man van Nazareth voor de geest te halen, me voor te stellen hoe hij liep, hoe hij kuierde of misschien wel rende langs het meer van Galilea. Hoe hij op de rand van de vissersboot zat en lachte met zijn vriendjes. Hoe hij at en dronk, of hij snurkte als ie sliep, of hij wel eens smeet met de deuren, al die kleine dingen die mensen doen, zal ik proberen naar me toe te halen, want hoe menselijker ik hem zie, hoe duidelijker hij wordt. Ik zal proberen de zoom van zijn kleed aan te raken.

Duiven

De dagduif is wit, zachtwit.
Wit en blijmoedig pikt zij in het pasgemaaide gras.
Ze draait haar hoofd wat hoekig om als ze me ziet
en koert iets wat ik niet goed versta.
We mogen elkaar de dagduif en ik.
Maar ook de nachtduif spreekt me aan.
Ze heeft een donkere stem, koert lager
en in haar vleugels draagt ze de stille veren van de melancholie.
Zij is niet zo voor groen versgemaaid gras.
Zij heeft de sterren op het oog en de maan.
Zij mint het donker en als de morgen komt,
begint haar dagdroom.
Dan gaat de nachtduif slapen in haar witte blouse.
Heel af en toe komen ze elkaar tegen
op de kruising van dag en nacht.
Ieder gaat zijns weegs
en toch hebben ze alles met elkaar gemeen,
want de dagduif kan niet buiten de nachtduif
en ik kan niet buiten die twee.
Ze zijn me allebei even lief.
Ze eten uit de palm van mijn hand.
Ik volg ze op hun vlucht.
Ze amuseren me.

Dag, dag- en nachtduif.
Bedankt voor het lieve koeren
als ik me wel eens alleen voel.

Opa

STILAAN WERD HET donker in hem. Het was alsof het licht beetje voor beetje doofde, zijn ogen keken niet meer de goede kant op, niet meer de kant op waar het voorjaar vandaan kwam. Het was alsof ze zich afwendden van alles wat vrolijk en levendig was. De vensters bleven dicht en naar de bomen, die hij daar al een leven lang zo graag zag staan, keek hij niet meer om. Hij keerde in zichzelf. Waarom?

Ach hij dacht er niet eens over na. Het lichaam verzette zich nauwelijks tegen dat zware gevoel van moe zijn en leeg. Hij werd een onopvallend deel van de stilte die zijn nietszeggende kamer vulde.

Maar waar het dal is met zijn diepte is ook de hoge berg. Onverwacht rolde er toch een zonnetje naar beneden. Een kind met een grote vrolijke pop riep iets boven aan de trap toen hij net terug wilde gaan naar zijn kamer. Terwijl hij naar boven ging voelde hij bij iedere tree iets van: ik ga naar boven. En hij ging omhoog tot aan het lieve kind met de grote pop. Het kind klom in hem, gaf hem een zoen en sloeg beide armpjes om zijn hoofd.

Hij voelde zijn moede ogen opengaan en een ander ritme begon te bonzen in zijn botten. Hij liep naar zijn kamer en liet de traantjes uit zijn ogen rollen. Hij zette het venster wijd open en met één grote stap kwam de lente binnen.

Toen hij zijn grijze kop uit het hemelblauwe raam stak, stond de kleine met de pop alweer beneden in de tuin en riep: 'Opa, opa!'
De muziek begon te spelen.

Lief kleinkind

Lief kleinkind,
straalkacheltje in mijn winter,
lenteblauwe baby,
zomerding,
lief oktobertje

Als ik jou op je trippelvoetjes
door de kamer zie gaan,
is de aarde lichter dan een zeepbel,
is het gedribbel als van een tokkelende mandolien,
is je oogopslag twee blauwe meren

Opeens is de tafel lief en de stoelen zijn lief,
de gordijnen en de schemerlamp zijn lief,
en op het behang dansen sprookjesschimmen

Diep in mij voel ik vonken van lekker vuur,
van jong en pril van danserig leven
en m'n hart zingt: baby, baby, baby!

Eindeloos kind,
onmetelijk wonder, stil geheim,
stamelend mysterie, lief mirakeltje,
je raakt me in het diepst van mijn ziel

Ik wou dat je in mijn ogen
de stille ovatie kon lezen
die ik jou nu breng,
minutenlang

Iets van hemel

als ik kijk naar dit kind
zie ik het ongeschonden licht
het nog trillende licht
van nieuw leven
en het licht
van mijn vermoeide ogen
neemt toe in tranen van blij

als mijn handen reiken
naar haar
worden ze jonger
en als ze haar strelen
is het
alsof ze weer bloemen plukken
in heel heel vroeger
in de warme wei
tegenover ons huis

en als ik haar kus
op haar zachte wangetjes
proef ik haar fonkelnieuwe huid
een flinterdun laagje goddelijk goud
en elke kus is een slokje wonder

wie haar ziet
kan zien met eigen ogen
dit is nog niet van hier
nog niet van nu
nog niet van wat wij
denken en doen

dit is nog iets van hemel

Merel

HET ZAL VIER uur in de middag geweest zijn. Ik ging de lege kerk binnen en wist niet wat ik hoorde. In de hoge devote stilte van het oude godshuis zong een merel.

Waar hij precies zat in de hoge gewelven kon ik niet zien, maar wat hij zong viel onuitsprekelijk mooi, woord voor woord in de serene ruimte.

Eigenlijk was ik onmiddellijk met stomheid geslagen. Ik hield m'n adem in en luisterde met alles waarmee ik maar luisteren kon. Nooit eerder heb ik in een kerkgebouw een stem zó duidelijk iets over God horen zeggen.

Dit gezang had het pure van het hemelse. Dit kleine gezang had het allesomvattende, het waarachtige van de waarheid. De echo van de schepping galmde onder de eeuwenoude bogen.
Toen ben ik gaan zitten. Stil en ontroerd.

Hoe kunnen klanken zo diepzinnig zijn?
Zo vervuld van liefde, zo veelzeggend?
Hoe schamel zijn dan onze woorden
die wij zo berekenend afwegen.
Hoe leeg is wat wij zingen en zeggen over God.

Ik moet eerlijk bekennen dat ik ook niet lang heb nagedacht over wat ik hoorde, omdat ik liever dan erover te denken, wilde luisteren naar de stilte die gezang geworden was en mij zo diep van binnen raakte.

Kruipen

EERST DACHT IK dat leven 'n wieg was en 'n rammelaar van celluloid. Hoe kon ik beter weten? Zelfs de kleinste dingen van het allerprilste begin zijn al misleidend. Als je nog niet weet wat leven is, leef je al, je doet het al zonder het te weten en dan doe je zoveel achter elkaar en zo snel. Je gaat nooit es op je kakstoeltje zitten denken: 'Wat ben ik nou eigenlijk aan 't doen.' Want net als je met je meditatie wilt beginnen, pakken ze je weer uit de box en zetten ze je op schouders waar je helemaal niet op zitten wilt, of drukken je in de armen van iemand die je niet eens kent. Je leven is 'n teddybeer of 'n slabber, 'n pop, of 'n treintje, 'n broodkorstje of 'n lepeltje vla, rare vertekende beelden om je heen van 'n aantal zachtaardige reuzen, maar wat leven is...?
Nee daar heb je geen erg in. Groeien doe je als kool, zegt mama en ook daar kun je niets aan doen, dus groei je als kool, hoewel het geen al te fijnzinnige vergelijking is, maar zover denk je nog niet, anders had je misschien best wel even wilen groeien als orchidee. Niet te stuiten ervaringen hollen door je kleine bolletje en zo volgen de dagen en de nachten elkaar op. Je rolt van het een in het ander en iedereen praat maar tegen je aan. En jezelf? En je leven? Ik ken er van diep in de tachtig die nooit hebben geweten wat het was en nog altijd van de ene hoek van de kamer naar de andere kruipen.

Zon

WAT ZAL IK zeggen van de zon?

Ik kan erin gaan liggen als een gebakken ei in een duinpan. Zij heeft de kracht om hele stukken aarde te verdorren. Sterke snelle dieren liggen verschroeid in het roerloos hete zand. Maar ik, klein zomerinsekt, mag in haar zitten met haar lieve warmte op m'n knullige hoedje.

Wat zal ik zeggen van die onbeschrijfelijke hemelse draaischijf druipend van het zonnegoud?

Ik klein piepvogeltje met m'n stembandjes van luttele millimeters en die kleine vingerhandjes met een pennetje erin. Hoe kan ik, armzalige zucht in de ruimte, reiken naar de zon? Is het waar, dat in die ene kleine zandkorrel van mijn denken èn zon èn maan èn sterren huizen?

Wat is dit denken dan? Heeft het iets van het goddelijke niets dat alles is?

Ik loop langs de regenboog mijn bonte marathon in een honderdste van een seconde en ik land op de rand van mijn bed met mijn handen nog vol kleur. Is mijn denken de glazen bol van het heelal, de Himalaja en de Veluwe? Kent mijn denken klein noch groot en blaast het mij in mijn kleinheid op en kan ik voor hetzelfde geld de zeppelin van mijn eigen zelf zijn, maar ook het muisje op de beschuit?

Ik ben bang en rijk met mijn denken, hulpeloos en krachtig tegelijk. Ik begrijp het onbegrijpelijke en beweeg het roerloze. Ik kan de hoogte meten tot aan de hemelpoort en de diepte peilen tot aan de verdoemenis. Ik kan zoete woorden schrijven en denken en uitknippen uit zilverpapier en ze op de witte volle maan plakken als een kind, omdat ik ook als een kind geloof in wat ik denk, hoewel ik niet kan zeggen wat het is.

Wat zal ik zeggen van de zon?

Kom

Nu groeit het gras hoger rond mijn voeten
halmen tot aan m'n knieën
en warmer zijn de bloemen
nu valt de lucht soms hemelblauw om me heen
en ik dans kleine dansjes met de mei
aan de hand van de anderen
en ik loop het water in met hen
en voel me jonger dan ik ben.
Kom, ik zal je paraplu opsteken
je duiven loslaten
je pan op het vuur zetten
de vries van je ruit krabben
ik zal je helpen bukken
of rechtop staan in de wind
ik zal je leren
wat ik heb moeten leren
om te leven
nu kan ik het 'n beetje.
Kom, ik zal je toedekken
ik jou
en jij mij
jij mij
en ik jou...

Bomen

als ik de bomen zie
gemaakt van hetzelfde leven
maar dan met stam en tak en twijgen

als ik de bomen zie
dan luister 'k altijd even
naar hun fantastisch zwijgen

ik heb de storm zien komen
hij sloeg ze half kapot
verstild zag ik ze dromen
of dansen, zomerzot

ik zag hun angstig beven
in donker en in licht
en zie mijn eigen leven
in hun verweerd gezicht

Geest

Waar komt de geest vandaan die door mijn donder waait
en mij de domste dingen denken doet
die mij zo Judaskust en mij zo lieflijk aait
mij pijn doet tot de oude wond weer bloedt
die mij doet vloeken, bidden, lachen doet en leven
waar komt de geest vandaan die dit heeft opgeschreven?

Privacy

Wij hebben van die blitse woorden
als 'privacy' bedacht
omdat we weten
dat we toch niet aan naastenliefde toekomen.

Gedachtengangen

EVEN FLITST ER een hele mooie zin door mijn hoofd voor een gedicht – maar net zo even breekt die zin weer af omdat ik denk aan rijstevla uit Maastricht rechtstreeks van de bakker – ze is nog warm – ik sla een kruis en bijna gelijktijdig zet ik de keukendeur open voor een wesp die ik net van de jampot zag opstijgen – gisteravond tijdens de voorstelling riep er iemand in de zaal: 'Ik heb je lief' – denk ik – maar dwars door die gedachte hoor ik een vreemd snerpend geluid van een vogel hoog in de dennebomen in de tuin – ik denk aan het kind dat voor de deur van het huis werd doodgereden – maar de zonnewijzer waar het nu op regent heeft plotseling weer mijn aandacht – ik hoor zware motoren voorbijgaan en daardoorheen de mandoline van Benny – ik zie Annet op de trap zitten achter het toneel, heel mooi – en ik ga de trappen op in een leeg huis – waar in een kamer een oude man viool speelt en ik zie dat het zachtjes begint te sneeuwen op de scharrelende kippen voor de groene poort van de witte boerderij in Meerssen – ik denk aan de zonnewijzer waar het nu op regent of aan de regen waar het nu op zonnewijzert en aan de mooie zin van het gedicht – maar de wesp gaat zitten op de zonnewijzer in de regen en Annet heeft het over lingerie terwijl ik kijk naar de sneeuw die valt op de warme rijstevla – ik denk aan de honger in Nigeria – ik denk aan het blad dat hier in het natte gras ligt – hoe lang ligt het er al? Maar zo lang denk ik er niet aan – want dan komen de knoppen van de rododendrons alweer op de proppen – de stenen eend aan het kiezelpad was haar kop kwijt – ik zie dat hij er nu weer op zit gelijmd – en zachtjes zing ik 'I left my heart in San Francisco' en denk aan mijn vriend Tony Bennett – wat kan die man zingen – beter nog dan Sinatra – dat zegt Sinatra trouwens zelf – ik heb ze allebei ontmoet – maar ik heb zo'n idee dat de kop van die stenen eend er wel weer afvalt – als ik Tineke zie wegrijden denk ik aan het kindje van haar zusje – dat moet nou toch langzaamaan komen en aan de honger in Nigeria – ze had nu al ontsluiting hoor ik en net als de zonnewijzer staat het witte engeltje met de tamboerijn nu ook in de regen en ik loop erin met mijn pet op en een

ouwe regenjas aan en het raam van de kamer staat open als ik naar bin-
nen kijk dan zie ik dat er veel bloemen staan uit de theaters van de laatste
weken – Rietje is binnen ze staat naast de mooie gele tulpen op die
prachtige foto van Ted uit Zwitserland en ik loop weer met haar door
Gstaad of we zitten met z'n viertjes Ted, Meret, Rietje en ik aan koffie
met gebak bij Tschuggen in Arosa en ik zie in de natte tuin de warme
rijstevla weer terugkomen en de vogel met het snerpende geluid vliegt
weg en ik denk aan de honger in Nigeria en aan het kind dat doodgere-
den werd voor het huis en Benny speelt mandoline en Annet zit op de
trap in mooie lingerie en ik loop in de regen door de tuin en kijk naar de
zonnewijzer

Veld

Ik ben vandaag zo zonnevol

zo bombardonnerig krentenbol

het veld is vol van zoenegroen

van appelsien en sapcitroen

de haver davert over 't land

met rog en klaver hand in hand

ik sta alleen maar stil en kijk

vandaag is dit mijn koninkrijk

en al valt de regen onverhoeds

het koren is mijn gouden koets

Strand

HET STRAND STAAT bol van mensen. Honderdduizenden kilo's vlees braden in de zon, ze sissen zowat. Soms lijken de platliggers op opgeblazen rubberpoppen. Het luie liggen geeft sommige lichamen iets ontzields. Het gelaat heeft haast geen expressie meer, het glimt als een Edammer kaas. Als omgevallen liggen ze naast elkaar. Het wezenloze kerkhof van de levenden.

'Naakt zijn we allemaal gelijk', zei de oude wijsgeer. Hoe kun je zoiets zeggen. Nergens is het verschil groter dan hier. De bolbruine chocolade madam ligt naast het wittebroodjuffertje, de sullige lange man naast het frivole oranje vogeltje. De spitse krakkemikkerige tante ligt naast het barokke blok beton, de vette paling naast het sprotje, de Cadillac naast het Peugeotje, de banaan naast de aardbei, de schemerlamp naast de kaars, de grote trom naast de piccolo, de soberte naast de bombarie.

Eén groot ratjetoe van ledematen in alle lengten en breedten, in alle kleuren. Lekker naast la maar, wild naast koest, druk naast stil, de kroket naast de mokkapunt, Bambi naast de ratelslang, de marmot naast de leeuw, goudbrokaat naast katoen, de stiletto naast het nagelvijltje, de kokosnoot naast de appelsien. Het walhalla van het nutteloze, de luiheid op de zandtroon. Gulzig graaiend naar de zon, wrijven ze het goud in hun poriën. Duizenden handjes en tienmaal zoveel vingertjes krabben waar het jeukt, peuteren in neuzen, strelen en spelen, eten en drinken. Dan komt het water van de zee en spoelt joelend over het strand. Het grote afwasmiddel wast de lijven schoon en de zorgen weg, zeggen ze. Zo vieren ze de zomerdag. Opstaan en liggen, liggen en opstaan, opstaan en liggen, liggen en opstaan. Ze willen weg uit het hete lijf waar ze het zo koud in hebben gehad. Nu willen ze bruin, een tweede huid, al is het maar even. Even niet meer jezelf zijn, en jezelf voor het spiegelglas tegenkomen alsof je een ander was. 'Wat zie jij er goed uit, Annie.' 'Ja wat wil je met dit weer.' Vandaag voelt iedereen zich lekker.

Op de dijk houdt een ambulance stil. Een oude man wordt weggedragen. Het zandkasteel van oma stort in elkaar.

Annie

ALS IK MENSEN namen geef in mijn vertellinkjes noem ik ze altijd Jan en Annie. Punt! Uit!

Jan en Annie. Dat zijn twee namen, daar kun je mee uit de voeten. Natuurlijk kan ik gaan zitten nadenken en tenslotte uitkomen op Balthasar en Clementine, maar nee hoor, dat is me te gezocht, dat leidt af, te krullerig, te opzettelijk. In mijn oren zijn Balthasar en Clementine evengoed Jan en Annie. Daar kun je alle kanten mee op. Op Jan en Annie kun je bouwen. Laat die maar schuiven. Ik kan niet uitleggen hoe dat komt. Als ik dat wel zou kunnen, had ik ze waarschijnlijk niet zo genoemd, maar ik hou meer van dingen die ik niet uit kan leggen dan van dingen die ik kan verklaren. Dus Jan en Annie.

Eerlijk gezegd is van die twee Annie voor mij het duidelijkst. Daar is geen speld tussen te krijgen. Annie is alles. Annie kan alles, wil alles, doet alles, heeft alles. Kan op de troon zitten en op het toilet, kan in het gras liggen en op het dak, is niet dik en niet dun, niet hoog en niet laag, niet rijk en niet arm, Annie is Annie. Ze is overal en nergens. Ze is snel en traag. Ze kan je een loer draaien en is hoogst onbetrouwbaar. Ze is vroom en mondain, nederig en trots, zinnelijk en onzinnelijk, ze heeft lang haar en kort, ogen in alle kleuren, grote tanden en kleine, ze is naaldhak en klomp, netkous en wollen sok, emmer en kristal. Annie verkeert in de beste kringen en in de sloppen. Ze jaagt in haar Porsche op de snelweg en duwt het wagentje van de gehandicapte. Ze is contrabas en piccolo. Sierlijk springt ze vanaf de bovenste plank in het water en ze maakt poppekleertjes voor arme kinderen. Annie breit en naait en speelt mondharmonica al vanaf d'r zesde jaar. Nee, ze zit niet steeds op dat ding te blazen. Annie kent de juiste tijd voor alles wat ze doet.

Als ze zwijgen moet zwijgt ze en als ze iets moet zeggen, zegt ze wat. Nooit komt ze binnen als ze niet binnen komen moet, maar als ze binnen komt is het precies op tijd. Zo gaat ze ook weg. Niet van 'Nou dan ga ik maar, want ik moet nog even naar...' Nee hoor. Annie gaat niet omdat ze moet. Annie gaat anders en Annie moet anders, want Annie moet niets, ook niet gaan. Als ze wil blijft ze zitten, maar dan wil jij ook dat ze zitten blijft. Alles klopt bij Annie. Op de Grand National Races vertoont zij zich met dezelfde verve als in de Warmoesstraat. Appels plukken in de wei zou haar evenmin misstaan als wuiven op het balkon van het koninklijk paleis. Annie is niet alleen de fanfare maar ook het vaandel. Bloot is ze even groot als aangekleed, maar wel even anders. Maar altijd Annie. Bloot of niet. Zingend of schreiend, dansend of rouwend, Annie is sterk. Ook als ze zegt dat ze zwak is. Ze heeft zichzelf in de hand. Als ze afwijkt stuurt ze bij, ze vult hiaatjes in, is haar eigen regisseur. Ze kamt haar haar omhoog en omlaag, want met Annie kun je alle kanten op.

Ik zou 365 bladzijden over Annie kunnen schrijven, want Annie heeft geen einde en geen begin. Zij is voor mij het allesomvattende van de vrouw van dit land. Als je goed kijkt kom je haar overal tegen. Zij is opvallend in haar onopvallendheid. Ze wint omdat ze niet speelt. Ze is, omdat ze zich niet aanstelt. Ze hoeft niet te roepen 'Kijk ik es!' want je ziet haar zo wel, zonder dat ze iets zegt. Annie is de waarheid zelve en daarom is ze herkenbaar in haar bloes of in haar trui, in haar spijkerpak of in haar avondjurk. In alles zit Annie, dezelfde Annie. Voor mij is Annie alles. Ik zou er niets aan kunnen toevoegen. Ze hoeft niet meer te zijn en niet minder. Annie is genoeg. Eén verzoekje heb ik: als u haar ziet, wilt u haar vooral vragen of ze de groeten doet aan Jan.

Verzinnen

Ik heb in de zomer bomen verzonnen
van goud met zilveren belletjes
en kronen op hun kruin met diamanten
die schitterden in de zon.
In de winter heb ik prachtige paarden gemaakt
van vers gevallen sneeuw
en zij draafden over de bergtoppen
en dansten in het dal met wapperende sneeuwmanen
en zwierige staartguirlandes.
Ik heb in de herfst vuur aangestoken
in vlammend vermiljoen blad –
en zilveren regens joeg ik over het platteland –
en de zotte pijpestelen braken in goddelijke gruzelementen
en rolden door polders en winkelstraten
en in de lente heb ik licht opgericht
van het lichtblauw van kinderogen –
zó helder... zó nieuw –
dat iets zo nieuw kon zijn
heb ik nooit geweten
en tòch bleef de leegte...
omdat ik haar niet verzinnen kon.

De wind

VANDAAG WAAIT DE wind fel mijn kant op. Ik moet er dwars tegen in. Ik buk mijn kop over het stuur en pak de wind met allebei mijn schouders aan. Er zit niks anders op. Tegen je hond kun je roepen: 'Ga liggen!' maar niet tegen de wind. Hij waait waarheen hij wil en zonder aanzien des persoons. Hij is overal tegelijk. Hij doet wat hij wil. Zo is de wind en daarom is hij zo mooi. Hij hoeft maar te blazen en je flikkert van de dijk met je fiets. Hij hoeft maar te blazen en je loopt je hoedje na op het strand, je paraplu slaat dubbel, alle bladeren blaast ie van de bomen en het zal 'm een zorg zijn hoe de bladeren ooit weer terug komen aan de takken, dat is zijn afdeling niet. De wind slaat pal in m'n gezicht vandaag, maar ik moet er dwars doorheen, er tegen in. 'C'est la vie', zeggen de Fransen. Gisteren woei hij nog andersom; toen had ik 'm in de rug en ik kon me laten drijven de hele dijk af, met de handen in m'n zakken. Dat had ik vandaag ook wel gewild, maar daar heb je 't weer, noch la vie, noch le vent vragen me wat ik liever wil. De regen valt op me op het moment dat hij op me vallen wil, en als de zon wil steekt ze me zowat in de fik. Sneeuwvlokken dansen al om me heen voordat ik de muziek heb gehoord. Nooit hebben de elementen mij gevraagd: 'Heeft u het zo warm genoeg, of had u het liever wat frisser gehad?'
Daar sta je dan... in de kou, in de warmte, in de leegte of de volte, in de vreugde of het verdriet en nooit is er iemand die vraagt: 'Of had je het liever anders gehad?' Dan herinner ik mij m'n moeder, dat ene zinnetje dat me altijd bij zal blijven: 'Jongen, lieverkoekjes worden niet gebakken.' Ik heb al vroeg geleerd te weten dat er niets te willen valt, dat het geluk, net als de wind, plotseling jouw kant op waait, dat de liefde, net als de regen, onverwacht aan je venster klopt, dat wel en wee binnenkomen zonder hun voeten te vegen en dat het zo goed is.
Ik heb m'n paraplu meegenomen toen de zon scheen, maar de regen is niet gekomen. Hij kwam midden onder de muziek op het tuinfeest toen de dansvloer stampvol was en we renden naar binnen en bleven kijken naar de lege dansvloer waar de regen uitzinnig op spetterde. Ze zei: 'Ik had zo graag nog met je willen dansen.' Ik dacht: 'Lieverkoekjes worden niet gebakken' en drukte haar zacht tegen mij aan.
Toen de regen ophield fietsten we door de nacht naar huis met de wind in de rug.

Jan

JAN, IK VRAAG je beleefd, sta niet zo gauw op het randje van de stoep met je oordeel klaar. Veroordeel niet, Jan. Het onweer dat daar aan komt drijven en straks met donderend geweld over je dak rolt, heeft zin, het komt niet zó maar jouw kant op. Doe het raam niet dicht als het pierement voor je deur speelt. Nee, het zint je niet dat weet ik wel, maar Jan, laat het pierement toch maar spelen voor je deur. De hond blaft en rent de straat uit en er weer in. De paus staat in goudbrokaat op het balkon en er sterven kinderen van de honger.

Ja Jan, ik weet het wel, ik weet wel wat je zeggen wilt, maar toch is er een 'maar toch' dat wij niet kennen. Ook jij niet, Jan.

Ik ken je verhaal van die vent die stond te vloeken op het dek en aan flarden werd geschoten en van het lieve kindje dat doodging. Daar kun jij met je pet niet bij, Jan.

Ik ook niet.

Ik heb niet eens een pet om er bij te kunnen. En ik sta ook op het randje van de stoep met mijn oordeel klaar.

De regen valt opeens met bakken uit de lucht net als ik in het tuintje de tafel heb gedekt.

De kinderwagen is dichtgesneeuwd.

Ik ging er voor zitten, samen met mijn vrouw,

maar de muziek zette niet in.

De muzikanten stonden op en gingen naar huis.

Toen ik dacht dat het stil werd, begonnen de klokken te luiden

en ze hielden op toen ik begon te luisteren.

Wie zal zeggen of die man met opzet zijn viool gebroken heeft?

Die afschuwelijke kleur van het plafond. Het opgezette kalf in de koeiestal. De geasfalteerde landweg. Laat alles maar zijn wat het is.

Het rumoer en de stilte.

De opstand noch de overgave hou je tegen, Jan.

Koel maar even af en leg je driftige oordeel maar even heel voorzichtig bij de moeder van de porseleinkast. Ja, ik weet dat Kees al dertig jaar geleden het bordje 'Verbeter de wereld en begin bij jezelf' op zijn bureau zette en nog altijd zelf moet beginnen. Misschien begint hij morgen wel als jij weer op het randje van de stoep staat, naast mij.

Ja, ik weet dat Joop altijd dezelfde verhalen vertelt en dat Annie altijd 'okidoki' zegt en dat ze te veel vet eten en te laat naar bed gaan.

Ja Jan, ik weet van de hongersnood en van mekaar het balletje toegooien in de Tweede Kamer. Ik ken de honderd-miljoenvraag en ik weet dat het hondje van de koningin is weggelopen, maar toch, Jan, maar toch...

Jawel, je haalt me de woorden uit de mond. Oordeel niet!

Op

Jan was nog geen vijftig en hij was al op.
Ik zei tegen Annie: 'Jan is al op.'
Ze zei: 'Jan is àltijd vroeg op.'

Zomaar

IK HOU VAN de zomaar-mensen, in zomaar-huizen en zomaar-tuintjes in hun zomaar-kleren, met zomaar-kindertjes en zomaar-fietsen en zomaar-schooltassen, met zomaar-vogeltjes in zomaar-vogelkooitjes en zomaar-visjes in zomaar-kommen, met zomaar-woorden die aan zomaar-hartjes vastzitten, met zomaar-handen die zomaar wijzen, geven, nemen en strelen, met zomaar-ogen die zomaar lachen en schreien, dichtgeknepen voor de felle zon, open voor de volle maan en met de druppels van het najaar aan de wimpers en de bloemen van het voorjaar op de wangen.

De zomaar-mensen kunnen zo mooi zijn, zomaar mooi. Ze kunnen zo lief zijn, zomaar lief. Zonder berekening, zonder plan, zomaar. Ze kunnen zomaar leven en zomaar sterven, onopvallend en zomaar gelukkig zijn met zomaar een gebraden kippetje, of zomaar een pilsje en zomaar een muziekje op het aanrecht in de zomaar-keuken. Ze gaan zomaar naar bed en staan zomaar op en hebben elkaar zomaar lief in het grote zomaar-bed.

Ik hou van hen. Van waar ze staan in het leven en waar ze gaan zitten en liggen. Nooit dat gretige vooraan zijn, nooit dat gulzige 'Kijk-ik-es', altijd zomaar terughoudend, een beetje voorzichtig. Niet kantelen, glaswerk! Lieve briefkaarten, soep, frietjes en makreel. Dat zijn ze, de zomaar-mensen. Die zomaar hun fiets uitlenen in goed vertrouwen.

Ze steken kaarsjes aan voor zieken en de kinderen zeggen versjes op verjaardagen en hangen slingers aan het plafond en wassen het autootje van pa. Hun stille zwijgzaamheid heeft dat nobele dat alleen de zomaar-mensen hebben.

Ze zijn zo anders dan de praatjesmakers, de paradedames en -heertjes, die vooroplopen in iedere optocht en hun kop door een strop steken om in de krant te komen, die alles doen om een voet tussen de deur te krijgen, of hun naam op de T-shirtjes, of op de cover van de cd.
De pronkerige haantjes-de-voorsten en de zingende hennen met hun lullige love-liedjes, de applauszieke nullen met het schreeuwerige uitroepteken achter hun naam.

Vandaag nog wil ik het levensgrote affiche uitrollen en het uitspreiden over het lenteweiland met de zomaar-namen erop van de naamlozen met de sokken aan de waslijn en de voetbalshirtjes in de droger.

Ik wil u de gezichten laten zien, die u nooit zag op de beeldbuis, de beeldige kinderkopjes en de vertrouwde ogen van ouden van dagen die kijken zonder zichzelf te zien, vol van de ander.

Dit affiche wil ik uitrollen op het strand en over de zee. Over de huizen in de stad wil ik roepen dat zij de bomen zijn in het bos en de stenen van het huis, de wolken van de hemel, de klei van het land en het water van de zee.

Zij geven in hun onopvallende stilte de kracht aan deze planeet.
Zij zijn de lieve bloedvaten naar het hart van deze aarde.

Blue bell

Ik noem je ma petite
met je blue-bellbenen,
je cakewalk-heupen,
je paardewimpers
en je lollieroze lippen,
met je belle oorbelle,
je sjarretelle,
ma petite chorusgirl
met je wapperende revue-haar,
je netkousenstatief,
en je slipstreamslipje
je schitterende paillettentepeltjes bollebozen
op het ritme van de cancan
en de avond is een marsepeinen pop,
jij bent alleen maar ding,
lekker ding voor het oog
voor het volk van de nightclub
en als je morgen winkelen gaat,
leg je een tien-frankstuk
in de pet van de blinde die op het trottoir zit
bij de ingang van de Grand Bazar
dat is Alie
d'r ouders hadden een winkeltje in de Jordaan
ze belt elke week naar huis,
want die ouwe is alleen,
moeder stierf aan kanker,
naast haar bed in de kleine kamer in de Rue St. Jacques
staat haar foto in een lijstje
en ze slaapt met opgetrokken knietjes
en de paardewimpers toe,
Alie, een lekkere meid uit Mokum

Bij Mia

ER IS MAAR één café in het dorp. Het heet 'Bij Mia'.
In wat stuntelige lieve lettertjes staat op het uithangbord: 'Bij Mia'.
Als het buiten koud is, is het warm bij Mia. Als je hart leeg is laat zij het weer vollopen tot aan de rand, tot het schuimt als het vitale bier in haar glazen. En als alles vastzit van binnen schroeft Mia alles los en je zult weer dansen op de oude houten cafévloer waar zij met eigen hand het verse zand op strooit.

Mia weet veel van de mensen uit het dorp. Ze gekscheert met de jongeren en de oude snoepers tikt ze op de vingers van hun grijpgrage handen. O, ze mogen wel aan haar komen. Ze danst met open blouse en losse borsten met de aannemer en de wethouder. Maar ook uiterst consciëntieus schenkt ze het slanke getailleerde glaasje vol dat op een hoog voetje op het tafeltje van de opa's staat in de donkere hoek naast de deur van het toilet. Al het jonge volk likt aan haar glimlach, warmt zich aan haar armen en luistert naar het verhaal van de minnaar die ze verloor in de oorlog. 'Nee', zegt ze dan, terwijl ze een volgend pilsje tapt, 'ik ben Leon niet kwijt', en ze wijst op het ovale portret boven de tapkast, waar altijd een vers blommetje bij staat te geuren.

Hier in dit café is Mia oud geworden en wij ook. Er ligt geen zand meer op de vloer en de geest van Mia en Leon is eruit. Ze hebben het uithangbord met 'Bij Mia' eraf geschroefd en nu staat er in strakke letters en veel groter: 'Steakhouse'.

Tante Gerda

TANTE GERDA KON niet veel meer. Toch wilde ze nog altijd de aardappelen schillen. Dan hield ze het mesje soms zo dicht bij haar neus dat ik bang was dat ze van haar neus een schilletje af zou schillen.
Ze zat als een grijze oude pop in een donkere hoek van de kamer.
Een oude prop verdriet die af en toe net deed alsof ze lachte.
Maar ze was zo moe. Ze wilde weg naar de dood.
Slapen wilde ze, niets meer zeggen.
Waarom zit ik hier, zo vroeg ze zich af. Niemand vraagt me meer wat. En ze begon te praten met de aardappelen. Ik wil onder de grond, zei ze, net als jullie, maar dan hoop ik dat ze me niet opgraven en frietjes van me maken zoals ze dat met jullie doen. Zulke dwaze dingen gingen door haar vergrijsde brein. Ook waren er vlagen van souvenirs. Dan zag ze Kees, de zoon van de molenaar, die al jaren dood was, opnieuw aan het raam staan. En als zij opkeek van haar huiswerk dan deed ie zijn gulp open. Kees was toen tien en Gerda negen.
Nu ben ik negenmaal tien, denkt ze dan. En niemand staat meer aan het raam, alleen de regen en die is nat en vies. En de dokter zegt dat ik met dit weer maar beter binnen blijven kan. Maar ik wil voorgoed binnen. Zou er een hemel zijn achter die deur die ik wel eens zie als ik naar de wolken kijk, vroeg ze zich af.
Op zekere dag viel het aardappelmesje plotseling uit haar hand. 'Wat is er met Gerda?' riepen de kinderen. Gerda stond al aan de hemelpoort, maar dat zagen de kinderen niet. Gerda werd weggebracht en was gauw vergeten. Alleen als ze frietjes aten dan zei wel eens iemand: 'Tante Gerda heeft tot het laatste moment van haar leven aardappelen geschild.'

Uitgelaten

De man en de hond
wandelen op het pad.

Hij op twee beentjes,
de hond op vier.

Hij met de handen
in zijn zakken.

De hond niet.

En héé
wat ziet mijn oog?

Dit beeld heb ik
nooit eerder aanschouwd.

De man maakt
zijn broek open

en gaat
bij een boom
staan piesen.

De hond niet.

Mensen

WAT IS HET goed luisteren naar de mensen. Naar de lachebekken en de zwartgalligen, de betweters en de zwijgers, naar de klagende zeurpieten met tranen zo dik als kegelballen, of naar de zweverige zielen die overal hun sentimentele slierten ophangen, indruk willen maken met hun deftige geouwehoer over de diepere betekenis van het leven, maar toch altijd en bovenal hun eigen onbehagen rondsnipperen. Ze geuren naar het gebed van de angst, hebben voor ieder pijntje een pil en voor iedere eenzaamheid een eigen godje. Ze zwijmelen in vergrijsde zinnen over ziel en zaligheid en hebben niet het lef om hun Lieve Heer eens ten dans te vragen in het clublokaal van hun onvervulde verlangens.

Wat goed te luisteren naar de mensen die met loze kreten de wereld willen verbeteren en na vier prachtige volzinnen over de honger in de Derde Wereld in een driesterrenrestaurant 12 oesters bestellen van vijf nullen. Wat goed het festival bij te wonen van de ontelbare dames- en herenzangers die met alle geweld het verdriet willen wegzingen, vanuit de wespetaille hobbelend met het sensuele kontje of in de paginawitte smoking van de smetteloze onwetendheid.

Altijd weer koddig de regeerders te zien, vief dribbelend op de paleistrap met in hun brein het oude wereldleed en de nieuwe haring. Luister naar de hervormer die op het plein zijn heilsboodschap verkondigt met de schorre stem van de poppenkastman. Hoor de vleiende cello die zingt van 'Der Frühling in Wien' tussen de vermoeide knieën van de muzikant met de wintervoeten. Hoor de honderdduizend mensenkelen openscheuren als de Europabal tergend langzaam de krijtlijn overschrijdt tussen het witte hekje.

Wat goed de juichende mens en de jankende, de prevelende en de lawaaierik. De mooie slanke fluitiste, verticaal mooi van boven tot onder en daar dwars tegenin de witte handjes op de horizontale dwarsfluit. Zo zijn de mensen altijd verticaal en horizontaal verbonden.

Hoop en wanhoop, vloek en gebed, vuistslag en handkus, omarming en doodslag. Wat goed te luisteren naar de mensen, zo leeg en zo liefdevol.

Retteketet

DOORGAANS GEVEN WE het op of we zijn er niet eens aan begonnen te zoeken naar de geheimen van het leven. Een boom hebben we nooit echt gezien. We hebben er wel eens naar gekeken. Een halve minuut of zo, of misschien een hele. En de zee hebben we ook misschien wel eens in een oogwenk aanschouwd. Maar echt in ons opgenomen...? Nee, daar zijn we niet aan toe gekomen. Want we hadden afspraken met ons zelf en stonden zelf in het middelpunt van ons leven met om ons heen misschien het kleine geselecteerde groepje van onze eigen familie, vrienden en kennissen. Vanuit de file zagen we uit het autoraampje een regenboog en 's nachts op het tuinfeest heeft iemand heel even gewezen naar een ster. Heel even maar, want het was zo gezellig en we hadden zoveel te vertellen. We maakten vakantiekiekjes van verre bergen, met op de voorgrond Jan en Annie en zo gaan ze het fotoalbum in en dat blijft voorlopig dicht.

Wie zou zich de moeite getroosten te kijken naar de aarde waar we op lopen? Wie hunkert naar de geur van appelbomen en wil met eigen hand het steeltje breken van de tak. Even slechts knipoogt het mysterie in een voorbijfladderende vlinder. De wereld dekt ons toe met krante-papier en beeldbuizen, met feesten, rampen en ontelbare futiliteiten, gebeuzel, gebazel, gezwam bij soupeetjes met schemerlampen. We zeggen dat het leven mooi is en zingen elkaar toe dat we lang zullen leven, maar wat dat eigenlijk is, aan die vraag komen we nauwelijks toe. We bestormen de vloer van de TV-studio's en dragen de man op onze schouders die zojuist de tachtigduizend-guldenvraag goed beantwoordde. Muziek voor meneer. Dat was het dan voor vandaag, beste kijkers, tot morgen maar weer ... retteketet!

Oostende

OP HET STRAND in Oostende riep een jonge moeder iets tegen haar dochtertje van een jaar of zeven. Ik kon niet verstaan wat ze riep. Het meisje ook niet. Maar ik hoorde roepen: 'Wat blieft u?' En ik werd daar werkelijk door getroffen omdat deze vorm van beleefdheid in ons land nauwelijks nog bestaat.

's Avonds na de voorstelling in de Kurzaal liep ik met een jongeman die directeur is van een groot hotel, op de boulevard. Ik merkte dat hij tijdens de wandeling, bijvoorbeeld als we omkeerden, telkens aan mijn linkerkant ging lopen. Kennelijk omdat de beleefdheid voorschrijft dat de oudere rechts loopt tijdens een wandeling.

Ik heb zo'n idee dat dit soort gestes in ons land hoe langer hoe schaarser wordt.

Aarde

WE LAGEN IN het gras op 'n heuvel, of op 'n helling in de zon op warme stenen. We lagen gewoon op wat er was. Zo zaten we ook in het gras, of op 'n steen, of op 'n boomstronk, totdat iemand vond dat de aarde zelf op dit punt onvolledig was en niet het comfort bood waar wij recht op meenden te hebben.

En toen namen wij zelf het heft in handen. Wij gingen iets maken waar we op konden liggen, of waar wij op konden zitten en zo maakten we ligbedden en zitstoelen en toen we die hadden moesten daar weer matrassen op en dekens op en lakens op en de steen waar we vroeger ons hoofd zo ongecompliceerd op te ruste legden, werd nu een hoofdkussen, de stoel kreeg poten, vierkante poten en ronde poten, drie poten of vier, het werd 'n poef, 'n fauteuil, 'n sofa, 'n klapstoel, te gek voor woorden, maar zoals het gras bed werd en de steen stoel, zo werd het bed nachtkastje en piespotje en schemerlampje en de stoel werd canapé en sofa en bankstel en tafel, rond en vierkant en kastje en kast en muur en dak en huis en stad en wij kregen een tweede huid, van wol of van katoen, van purper of zij, van tricot en pico en paco met mouwtjes en vouwtjes en pauwtjes en klauwtjes, en de mens werd meneertje en mevrouwtje.

En daar staan we dan met ons zomerhoedje op en ons wintergoedje aan, met ons pick-upje en ons colaatje en ons kijkdoosje en ons straaljagertje en ons bromfietsje en het gras, het lieve gras, zo groen en echt, zo levend zo natuurlijk, hebben we platgewalst en dichtgesmeerd met teer en de hoge hemel hebben we met betonnen wolkenkrabbers dichtgemetseld. Daar staan we dan op die aarde van toen die wij zo gepijnigd en gemarteld hebben, zonder ook maar een spier te vertrekken. Onze potsierlijke eigenwaan heeft ons de das omgedaan. We schieten raketjes naar de maan en bommenwerpers smijten hele steden plat en dwars door die infantiele coca-colawereld rijdt de speelgoedlimousine van Billy Clinton. Oh Billy, oh Billy, dit is de druppel die de leegte doet overlopen.

Daar staan we dan in een wereld waar we geen raad meer mee weten. Alleen de wereldleiders weten het, zoals ze het in het verleden ook altijd zo goed hebben geweten, zo weten ze het nu nog en zo zullen ze het blijven weten, zolang ze er zo goed van eten. Miljoenen kinderen sterven de hongerdood. Het waren Zijn laatste woorden: 'Mijn God, waarom hebt Gij mij verlaten?'

Gifkikkertje

SOMS KAN IK me wel voor mijn kop slaan.
– Waarom doe ik dat eigenlijk niet? –
Ik verander dan opeens van een redelijk gezellig rupsje in een gifkikker-
tje. Ik sta nodeloos te kwaken met opgezette slijmvliezen en ik voel dat
er verspilde tijd uit mijn horloge loopt.

'Hou nou op!' roep ik dan keihard in mezelf, maar mijn domme zelf zit
dicht als 'n kurk op 'n fles. Mijn ezelsoren hangen slap langs mijn hoofd
en mijn hart is even een straatje om.

Ik blijf maar kwaken en ik wind me op om niets. Er is niets waaraan ik
zo'n hekel heb als aan niets. Tenminste als het de oorsprong is van zoveel
opgeblazen opwinderij.

Ik voel de domme wind van mijn eigen opwinding langs mijn ezelsoren
suizen. Ik zit plotseling in de hermetisch afgesloten cocon van mijn
eigen domheid. Nu ben ik de kwaakkikker met de hakken over de sloot
van zijn eigen begrenzing.

Opeens is het over en ik hoor mezelf zeggen: 'Annie, je hebt iets in je
oog' en haal het eruit met het puntje van mijn zakdoek.

Denken

Soms vind ik dingen die ik denk zo dom

dat

komt

ik

doe

veel

liever dingen buiten 't denken om

Moe

HIJ WAS DE mensen even moe.
Het slap gelul in de cafés.
Het gezever op de buis.
De kranten en magazines vol woorden.
Iedereen zal het wel even zeggen.
Het werd hem te veel.
Te eng werden de bijeenkomsten en de vergaderingen.
Altijd maar weer dat gewauwel.
En het kijken in de nietszeggende ogen,
die met hun lege blik de holle clichéteksten ook geen leven konden in-
blazen.
Hij was het zat.

'Nu wil ik in de wei,' zei hij.
'Ik wil de groene wei in op het land.'
'Ik wil naar het vee,' zei hij, 'naar waar de koeien grazen.
Uit de steenbouw naar het groen.
Van het staal naar de halmen.
Van de barkruk naar de molshoop.
Van het meterslange gezeur naar het prikkeldraad waar de eenden zich
onderdoor bukken.
Naar waar de geiten blèren, schapen rustig kauwen in het gras,
waar de lammetjes leren lopen, de bruine en de witte paarden
stilstaan in de morgendauw.
Ik wil kukelekujen met de haan en tokkelen met de hennen.
Ik wil tsjilpen met de mussen.
En als ik geen hoogtevrees had, opstijgen met de leeuwerik.
En ook al zou ik er niet stijgen en niet dalen,
niet loeien of blèren,
al zou ik er helemaal niets doen en zo maar liggen in het gras
en luisteren naar de onalfabetische taal van het vee,
dan zou ik minstens voor een uur gelukkig zijn.'

Koeieogen

'k zie op het land de boer 't koren maaien

als ik langs de stille akkers ga

en traag zie ik de koeiekoppen draaien

ze kijken me nieuwsgierig achterna

met boven mij hoog in het blauw

de leeuwerik opgetogen

loop ik door 't land met achter mij

de stille koeieogen

Maart

Op deze eerste dag in maart
is dit toch het vermelden waard
'k hoor in de linde lenteliedjes
gezongen door diverse pietjes

waarschijnlijk is dit kwinkeleren
nog slechts het gretig repeteren
voor wat zij straks ten beste geven
aan deuntjes over 't nieuwe leven

zet af die lullige C.D.
en piep wat met de vogels mee
daar wordt je hoofd refreiner van
je eigendunk wat kleiner van

mijn hemel wat gebeurt er hier
in dit fragiel getiere-lier
noch saxofoon, noch klarinet
vertolkt dit kosmische couplet

hier piept in volle gloria
het wondertje dat ik versta
wie heeft die lieve tekst gemaakt
die mij zo diep van binnen raakt.

Zoals de tranen breken uit je ogen
zo breekt de zon ook door.

Tranen

Ik heb zojuist gehuild
totdat de bui bedaarde
toen kwam een diepe zucht
ik vatte nieuwe moed

zo schreit de hemel ook
zijn regens op de aarde
en al die hemeltranen
doen ook de aarde goed.

Ik zeg het onomwonden:
ik heb het nooit gevonden
het lijkt alleen maar zo

De wind

De wind, de wind blijft eeuwig jong
hij staat met kop en schouder
ver boven uur en dag en tijd
de wind, hij wordt niet ouder

en of hij zich in zwijgen hult
of tiert en raast, de wind,
ik hoor in hem het ongeduld
van het eeuwig jonge kind

Dans

GEZEGEND ZIJN DE dansers die zich als vogels losvliegen van de grond en ons uit hun witte handen zielen openbaren, die ons bewegingen aandragen in eigen taal en kracht en wij zien handen vleugels worden en armen takken of twijgen die wuiven in de wind.
Ogen kijken liefde.
Voeten dreunen het kwaad uit de grond.
Vlees en bloed vertellen het eeuwige verhaal van het leven.
Wij zien de dood zijn vuisten ballen in een flitsende sprong over het smalle water van het leven, of kinderlijk lief door de rozenhof gaan, opgeheven door de vleiende violen.

Gezegend zijn de dansers met hun hemelsprongen en hun draaizonnen die zich rondwentelen boven de hoofden van de roerloze lichamen in het donker van de zaal.
Met hun armen raken ze de ruimte en slaan cirkels in de lucht die geuren naar nieuw leven, naar krachtig ademen en altijd weer liefhebben, altijd weer, in elke stap van elke voet, in elk bewegen van iedere vinger. Hun bonzend hart slaat luider dan de paukenslag, omdat het dansen wil, vertonen wil wat God ons ingeschapen heeft, de ontroering van de witte zwaan die sterft in het laatste straaltje licht en liggen blijft op de platte planken totdat het doek weer opengaat en wij voor de zoveelste maal verrukkelijk bonte bloemen in haar witte armen leggen.

Opgedragen aan het Nederlands Danstheater en Hans van Manen.

Stad

DOOR DE STAD lopen op je akkertje. Op je stadsakkertje. Lanterfanterig slenteren langs hinkelhokken en bordelen. Langs de schreeuwletters van de uitverkoop en de stilte van het Begijnhofje. Door de sigarerook van andere voetgangers. Langs de huizen op de stoep tussen het hoesten door en in een voorbijzwevende parfum tussen de praatstemmen en de lachjes. Langs het wagentje van de oude man zonder benen en het geschrei van het kind in de kinderwagen. Langs de kussende jongelui in blue jeans en de huppelende kinderen op de rand van het trottoir. Opgenomen zijn in de kijkkaravaan die zich spiegelt in etalageruiten. Langs de tingelende tram.

Wie helpt die ouwe vrouw oversteken?

Kijk, midden op het grote toeterplein van autobussen en taxi's en druk rumoerend volk, staat daar opeens het grote boeket van het bloemenstalletje, neergestreken als een lieve blauwe vogel uit een ander land. Even de geur van de waarheid. Even de kleur van het echte licht en het groen waar de velden van zijn gemaakt en de kleren van de bomen.

''t Is voor 'n zieke,' hoor ik iemand vol toewijding zeggen. Daarnaast het bruine café met de treurige gezichten en het luide gelach en in de broodjeswinkel kijkt de heer K. mevrouw B. kauwend aan. Lichtelijk onthutst. Ze hebben elkaar nog nooit eerder kauwend gezien.

Ik hou van de stad. Van de dramatische chaos, waar bij de stoplichten boos en blij gelijktijdig oversteken. Dit nerveuze kluwen is de mens.

Elkaar nauwelijks ziend trekt de karavaan voort, beladen met bonte plastic zakken. Blikken zijn ontoereikend. Alleen de oudjes houden zich vast aan elkaar.

O, hier is het ijzeren hek al van het park.

Ik ga er in.

Misschien toch een tip van het bloemenstalletje?

Klinkers

LIEVER DAN TE spreken wil ik klanken aaneenrijgen, klinkers aaneen-rijgen. Aan één klinker heb ik niet genoeg. Ik wil hele straten klinkers aaneenrijgen van oos en aas en ies en oes, van pro en van ganda, met aas van adrenaline en line van mando. Ik wil woordklanken spreken die stuiteren tegen de huisgevels met de éés van géévels en néévels en réégen en zon. De lange éés van véé wil ik, maar ook de korte è van vogelge-kwetter en knètterend gespètter van trompètters en lètterzètter waar de stille straat van oplicht en zich siert met de sierlijke ie van plezier.

Al die klanken wil ik klinkend ophangen aan de oe van hoerasnoeren. De éé van vervéélde percéélen optillen naar de hééhééhéémel van blauw fluwéél.

De kòrte knòrrige ò van dòf wil ik uitrekken tot aan de kolossale mooie oo van moooi.

De straat zal dansen op de pommeranskadans.

De éé van gouden réégen druipt langs de ruiten met de lieve naïeve ui van blokfluiten en spuitwater.

Dit wordt de bebouwde kom-kom-kom van de rinkelende goudvissen. De straat die klinkt als een klok-klok-klok in iedere slok van het café waar het bier vol uit de kraan straalt als de mensen met klinkers en medeklinkers proost klinken op het feest van de straat.

Vandaag klinkt hier de lange ij even lang als de korte en de puntjes erop zijn even rond.

Hier zingt de wee van wulps en wel, maar even niet van wee.

Hier klinken de ellen van lang zal ie leven en het leven wordt duizend ellen langer maar ze worden niet gemeten want klanken en klinkers meet je niet. Vol zijn ze of hol zijn ze. Klanken komen van diep. Diep is harmonie geworden vandaag in deze straat. De zucht en de schreeuw gaan hand in hand. Het miserabele met het formidabele en boven alles uit de luide aa van haahaahaa.

Kunstschilder

Hij wilde
steeds maar
grote
gebouwen
schilderen.
Gigantische
kolossen.
Grote
bonkige
blokken
dicht
op elkaar

Met daar
tussen in
beneden in
de afgrond
het asfalt
en daarop
de mensen

De kleine
trippel-
figuurtjes
met
maagzwe-
ren
en liedjes
over
liefde

Altijd weer
wilde hij
dit
schilderen
in
dreigende
olieverven

De oceaan
van steen
met daarin
de kleine
stekel-
baarsjes-
mensen

Misschien
wilde hij
laten zien
dat daar
waar het
hoge beton
de zon
afdekt
bomen
hadden
kunnen
staan

En dat waar
asfalt ligt
gras
had
kunnen
groeien
met daarin
miljarden
bloemen

En dat dan
mensen
mensen
gebleven
waren, die
visten in
blauw water
en mis-
schien
geen peni-
cilline
hadden
en daarom
wat vroeger
dood-
gingen

Dat
schilder-
achtige
wat dan nog
had hij op
het linnen
vast willen
leggen

Maar toen
hij
zesendertig
was
stierf hij
onder de
witte
handen van
professor
Schmuck

Polder

polder
roerloos stil

en door
het roerloze polderland
de smalle roerloze
streep van het water

aan het water
de man
roerloos
grijs en gebogen
en aan de man
de stok
de roerloze lange stok
gebogen over het water

en aan de stok
het roerloze dunne snoer

en dan
opeens
in het totale roerloze

het gespartel
van dat ene visje,
zó levendig
uit doodsangst

Mijn lage land

MIJN LAGE LAND, zo plat en ver. Onafzienbaar zien over vlak land tot aan de horizon waar verre populieren de einder sieren in lichtpaars dat overgaat in het egale grijs van de lucht.
Zien is te veel om te zeggen.
Hier sta ik in dit vlakke land, alleen in de immense ruimte. Hier los ik op in de onbeschrijfelijke kleuren van dit landschap. Aarde zijn met de aarde en hemel met de hemel, boom met de bomen, groen met het groen, vogel zijn met de vogels.

Hier, in de stilte van dit verre weidse land ben ik geboren, maar wat zegt dat? Ik ben niet van deze grond. Ik ben van elke grond, van ieder land, en elke aarde, van iedere planeet, van elke ster.
Ik ben van het licht en van het donker.
Ik ben een kruimel van het heelal.

Maar als ik er niet zou zijn, was alles niet compleet.
Ik hoor erbij.
Bij de sprieten van het gras en de toppen van de bomen, bij de vissen in het water, de dieren op het veld.
Ik hoor bij alles wat er is. Met die bedoeling ben ik geschapen.
Laat me zo leven, zo wil ik zijn.
Partje van het geheel.
Ademen met alles wat adem heeft.
Zo sta ik hier met mijn voeten in het gras in het verre lage land van de Kempen.
Mijn God, wat bent u hier mooi!

Zie hoe in de stoet van de blijheid
onopgemerkt de droefenis meestrompelt.

Zie hoe in de diepe duisternis
het licht schoorvoetend binnenkomt.

Zie hoe het stille water van het verlies
al sijpelt langs de champagnebeker van de victorie.

Zie de verlaten ziel
in de juichende mensenmenigte.

Zie de traagheid van de egel
in de sprong van de jaguar.

Zie de honger
in het feestmaal.

Zie de sneeuwvlokken
in de zon.

Zie in het roerloze woud
de vernietigende storm opsteken.

Zie de bloei
in het verval.

Zie alles
in alles.

Want alles is één
Eén in één

Die ander

Het liefste wil ik die ander zijn
die denkt
alles wat hij maar wil
en zonder pijn
gedachten hoort ruisen
in de bladeren van de hoge populieren
bij de beek
waar het landschap open is
en de hemel hoog
en zonder pijn
ik wil mijn lijf niet zijn
maar wat ik denk
en zacht vleugjes zomerwind horen
in de bladeren van de hoge populieren
het liefste wil ik die ander zijn
daar waar ik stil ben
en geen grimassen maak
worstelend tussen wolken
van stil – zwijgen
die ander
die ik af en toe tegenkom
in mij zelf
die tegen me lacht
zo herkenbaar
die ander, die zo duidelijk is
duidelijker dan die ene
die zo veel praat
zo nutteloos veel zegt
en een petje op zet
en een jasje aantrekt
en in de spiegels kijkt
maar nooit weet wie hij is.

God

DE GROOTSTE GEBEURTENISSEN in je leven gaan buiten het denken om. Wie zou niet alles willen weten over God en over eeuwig leven, als het denken hem daartoe in staat zou stellen?
Maar daar waar hij begint houdt ons denken op.
We weten dat het denken ontoereikend is en dat alleen al duidt erop, dat hij een kracht is van een andere, hogere orde. De weg naar hem is geen bedachte weg, het is niet de weg naar de imponerende regenboog met zijn theatrale kleuren. Het goddelijke is onafgebroken diep in jezelf. En als je begint te begrijpen dat er veel meer is dan het denken en het weten, dan ben je al aardig op weg.
God is geen denken, geen weten, geen spreken en geen schrijven. Als hij iets is, is hij stilte. In de stilte van je diepste binnenste kun je hem horen. Op de top van je blijheid en in je grootste verdriet.

Ik weet dat wat ik probeer te zeggen, onzegbaar is, en ik hoor dat wat ik zeg veel minder is dan wat ik voel.
Terwijl ik dit opschrijf zit ik aan het ontbijt in mijn hotelkamer. Op tafel ligt nog een laatste broodje in een mandje, de kruimels op het bord en wat er overbleef van het gekookte eitje; daarnaast onaangeroerd de hagelslag en de sinaasappel.
Zo begint mijn dag vandaag aan deze tafel met dit brood. Er zijn geen regenbogen en fantastische zonnen, maar altijd voel ik iets van God, zelfs in de onaangeroerde hagelslag.

Ik denk aan hem.
Maar hoe kun je aan iets denken waarvan je niet weet wat het is?
Ik laat het maar bij wat ik voel.
Iedere waarachtige liefde heeft zijn geheim.

Blij

IK BEN 'N GELOVIG mens, maar niet iemand van ellenlange gebeden.
Ik sla 'n kruisje voor 't eten en zeg: 'Lieve Heer, ik maak 't niet te lang,
want anders wordt de soep koud.'
Ergens in mijn werkkamer staat een uit hout gesneden Christuskop.
Als ik hem zie sla ik wel eens 'n kruisje.
Gisteren betrapte ik mijzelf erop dat ik tegen hem glimlachte.
Dat was voor het eerst van mijn leven.
Dat ging vanzelf, daar ging geen denken aan vooraf.
Ik voelde mij verbouwereerd blij.

Wandelen

Nu ik hier loop in deze zon
mis ik jouw arm, vast in mijn arm
o, als ik nog eens wandelen kon
zo samen en zo warm

dit is dezelfde laan,
dezelfde beek
ik hoor je voeten naast me gaan
ik zie weer hoe je keek

zo is het goed,
zo heel dicht bij je
ach, weet je wat je doet
laat mij maar even schreien

Op weg naar haar

ik ben door 't open veld gegaan

en door het groene gras

en even heb ik stilgestaan

'k weet nauwelijks waar het was

want waar mijn voeten gingen

daar was ik niet die dag

omdat ik ergens in mijzelf

heel andere dingen zag

ik was bij haar en dat is meer

veel meer dan 't open veld

ik hoor niet eens de vogels meer

als zij mij weer vertelt

van zoveel lentes die wij vierden

samen, met elkaar

ik ben door 't open veld gegaan

altijd op weg naar haar...

Hobbelpaardjes

WIJ KUNNEN HOBBELPAARDJES maken van hout en sieraden van goud. Met onze handjes bouwen we kastelen van nat zand op het strand, of van wit marmer of steen. We maken grote trommels waar we met stokken op kunnen slaan en van het koren maken we brood. We persen de druiven uit en maken violen, spannen de snaren in de harp en van kleurige poeders maken we verven. Van witte wol breien we kinderpakjes en van staal maken we oorlogsgeschut, grauwgroene tanks en glanzende limousines. Van beton maken we huizenblokken en we spannen ijzeren bruggen over de rivieren. Van zwarte zijde maken we hoge hoeden en van geruite stof clownspakken. Van het vee op het veld maken we vlees voor op de tafel. We kunnen pingpongballetjes maken, strandstoelen, helikopters en van aardappelen maken we frietjes en we gaan met een draad door het oog van de naald en kijken naar het kindje in de moederbuik.

Eens is het begonnen met de botte bijl, daar hebben we mee gehakt in steen en hout en de eerste dingen gemaakt. Nu kunnen we ongeveer maken wat we willen, gehoorapparaten en laserstralen. We blazen ballonnetjes door hartvaten en vervaardigen feilloze apparatuur waarmee we naar de maan kunnen in zoveel uren, minuten en seconden. Het botte bijltje is een superingenieus mechanisme geworden. We kunnen nu atomen splitsen. Wat kunnen we eigenlijk niet?

Is het niet verwonderlijk dat we door de eeuwen heen wat ons innerlijk betreft, vrijwel stil zijn blijven staan? Dat onze hersentjes zich gretig hebben geworpen op de materie, en dat onze handjes overvlijtig, geladen door een enorme geldingsdrang, in de weer zijn geweest om de hoogste vorm van knutselarij te bereiken, terwijl we in al die voorbije eeuwen geen stap dichter bij het wonder zijn gekomen dat zich verbergt in leven en dood?

Zomerdag

NU HET NOG kan wil ik de zon opvangen met allebei mijn handen en van louter levenslust in mijn handen wrijven met het goud van de zon ertussen.
Ik zie het veulen uitgelaten rennen in de wei.
Dat red ik niet zo flikflakkerig beweeglijk. Dat kan ik niet meer opbrengen met al die deuken in mijn chassis.

Maar vandaag laat ik mijn ziel los en sneller nog dan duizend veulens en kinderlijker nog dan toen ik een kind was, gaat ze over de heuvelen en snuift de geuren op die de zachte lentewind op doet waaien uit het bloeisel op het veld. De knoken worden ouder misschien. Maar niet de ziel. Hart en ogen zijn voller dan ooit.

Ik voel dat me de zon van binnen raakt en liedjes oproept in mij die ik al verloren waande. De zomer stuurt de kabbelende beek mijn kant op en ze stroomt weer door mijn lijf met een kracht die van geen jaren weet. Dit is het leven zonder tijd dat zindert in de zon die nooit veroudert en nooit verjongt.

Ik ben godsblij dat het lieve licht van deze dag mijn glas volschenkt tot aan de rand. Lief leven, ik heb geschreid om haar in het donker van de nacht, maar nu breng je ons weer bij elkaar in het onbeschrijfelijke licht van deze zomerdag.

Even gelukkig

EN OPNIEUW STA ik vanmorgen in het verre open veld van het Vlaamse Kempense land en opnieuw kijk ik naar de geheimzinnig stille populieren die zich aan de einder in hun wonderlijk paarsgrijze waas aftekenen tegen de lichtblauwe voorjaarshemel. Opnieuw maakt de indrukwekkende eenvoud van dit landschap mij stil. Ik blijf staan op het pad tussen de voorzichtig uitbottende jonge boompjes, terwijl links van mij de nobele hazelaar zijn nieuwgeboren twijgjes zachtjes wiegt. Ik sta stil, want het landschap heeft mij stilgezet. 'Kom mijn kant op', zegt de landweg, die kronkelend de verte inloopt tussen de velden. We kennen elkaar, de landweg en ik. Maar even wil ik hier staan blijven op deze plek. Stilstaan, meer niet. Niets denken, niets doen. Vogels horen. Niet opzettelijk, maar omdat ze achter mij in een van de donkergroene cipressen zo opgetogen zitten te kwetteren met z'n allen dat ik het wel horen moet. Nog liever zou ik het willen verstaan. Plotseling houden ze op en dan zijn we even met z'n drietjes: het landschap, de stilte en ik. Zo moet het even blijven. Zo maar staan in dit licht en onder deze hemel van deze dag. Ademen, meer niet. En iedere ademhaling is een deel van mijn leven. Nu wil ik mij dit bewust zijn. Niet alleen omdat de lucht hier zo lekker smaakt maar ook omdat ik hou van dit soort mijmeringen, van dit soort gewaarwordingen die je niet kunt duiden, die je niet op kunt schrijven in woorden en niet uit kunt spreken. Even bladeren in de verstilde beelden in jezelf en terwijl ik stil sta op dit pad wordt het licht feller aan de hemel. Het breekt door de wolken heen en wordt warmte die me aanraakt van buiten en van binnen.
Ik ben even gelukkig ....

98

.... 'Wij hebben vroeger naast u gewoond in Zandvoort,' roept een vrolijke mevrouw even verder op het pad. Ze komt mijn kant op met nog een paar mensen die ook in dit hotel logeren en samen halen we weer herinneringen op aan Zandvoort aan de zee. 'Ja,' zegt ze, 'ik zag u er altijd lopen met uw vrouw en u had altijd bretels om.' 'Wij zijn vandaag 26 jaar getrouwd,' vult haar man aan. En toen heb ik ze geluk gewenst.

Regen

Als je dit langzaam leest regent het
het regent als je dit langzaam leest
langzaam regent het
tra a a a a a a a a a a a a a a ag
(met veel a's – bijna net zoveel a's als druppels)

MOOI
dat trage ritme

het is geen water dat zomaar valt
nee, regendruppels vallen anders
ze gaan anders om met de zwaartekracht
en vallen niet zoals een appel valt uit een boom
of een glas uit je hand

REGEN RITMET

soms razendsnel
valt de ene druppel achter de andere aan,
plenst kapot op de stoeprand
en loopt verder de goot in

SNEL SNEL SNEL

maar een andere keer ruist de regen plechtig omlaag
en weer een andere keer valt hij lui

TRAAG TRAAG
ongeïnteresseerd
alsof ie helemaal geen zin heeft om te vallen

dat is mooi
als je op zoveel manieren vallen kunt
als de regen dat doet
ik ben al op zoveel manieren gevallen
maar nooit zo mooi als de regen
mijn vallen is struikelen
de regen struikelt niet

hij spettert, hij klettert
hij rinkelt, en sprinkelt
hij danst en hij zingt

geïnspireerd water is het
druppels van liefde die de aarde voeden moet
en omdat dat zijn hoge herkomst is
valt hij zo sjiek – nooit banaal

snel of traag
in ieder ritme hoor je de liefde van zijn bedoeling
en daarom kijk ik zo graag naar het raam nu hij onderweg is

l a n g z a a m   l a n g z a a m

ik heb het ritme van de regen overgenomen vandaag
ik ben in een soort traagheid gevallen
niet verticaal, maar egaal
ik ben horizontaal gevallen
en het is zelfs
alsof mijn ogen trager kijken dan anders vandaag

ik heb de griep

Kuil

VANDAAG GA IK niet buiten spelen. Ik heb het koud en de zon maakt mij niet warm. Ik blijf maar hier. Hier binnen in mijzelf. Ik heb geen ogen om te kijken vandaag en mijn gezicht staat stil. Mijn handen willen niets meer doen. Te veel gedaan misschien?

Even is er die kuil. Ik sta er in met beide benen en kijk er nog net even bovenuit. Gaan naar het raam is mij al te ver. Hou het maar dicht. Ik hoef niets te zien vandaag. Ik zie het niet meer zitten. Maar gelukkig kijk ik er doorheen, ook zonder het raam.

Ach, het is maar zo'n mineurakkoord dat in mijn kamer valt en misschien wat langer na blijft echoën dan normaal. Het is een gordijn dat is dichtgegaan toen ik even niet keek.

Maar ik ben niet ongerust. Geen tel. Ik ken dat van mezelf, zoals ik het ken van allemaal. De kuil en de berg vullen elkaar aan. En als de berg in de kuil zou vallen, dan is de aarde waar ik op loop veel te egaal. Levenloos.

Het leven duldt het niet. Is daar niet happy mee. De dagen zijn als noten op een notenbalk. Samen zijn ze de melodie en als je goed luistert hoor je in de diepste kuil nog steeds de klank van de bovenste plank en even later pakt de zon je weer bij je kladden en tilt je eruit met haar gouden handen.

Zo gaat het ook met mij.
Vanavond nog huppel ik weer achter de noten aan.

Weer heel

Ik heb het leven niet bespied,
niet tegen het licht gehouden
ik danste wat en zong een lied
en als ik m'n handen vouwde
werd wat gebroken was weer heel
en ik kon weer liedjes schrijven
ik bad dan: Heer, ik weet niet veel
maar laat 't maar zo blijven

Het vage uur

DIT IS DE AVOND van het vage uur.

In een kleine kamer aan een nog kleiner tafeltje zit ik mij voor een nog kleiner spiegeltje nauwelijks te herkennen. Ik voel de schmink op mijn huid en ik spartel tegen, want graag wil ik mijzelf blijven, maar het licht vertekent me en in de verte komt de muziek al aan. Zij zal om acht uur inzetten en me wegblazen en wegkietelen naar een wolk die nog verder en vager is dan ik nu al ben. Ze spelen mijn muziek. Ik adem mijn eigen adem in en weer uit in de klank die ik heb verzonnen. Daar op die plek achter het voetlicht verlies ik mijzelf om mijzelf te vinden. Ik ben anders en ook niet.

Is dit kijken wat ik doe? Is dit lachen? Sta ik hier al mijn leven lang op dit kleine houten vlot? Waarom kijkt het volk mijn kant op? Waarom dans ik als de bel gaat? Is dit werkelijk een dans, of beweegt alleen mijn ge-beente? De woorden die ik roep, zijn ze hol, of gaan ze echt de zaal in, de harten in? En die storm van klappende handen – wat betekent het al-lemaal?

Ik doe alsof ik vertrouwd ben met deze plek, dat is niet waar, maar er is raadsel rondom mij. Elke blik die ik opvang uit de zaal is als een bloem die mijn kant op groeit. Wat doe ik dan? Wie ben ik hier en hoe is dat begonnen? Hoe houdt het op? Dit is het wonderlijke waas van het spel. Ik speel het niet om te winnen. Ook niet om te verliezen. Het is mis-schien wel waar dat ik een kind gebleven ben met een tol die elke avond draait, duizelingwekkend af en toe, maar die mijzelf vrolijk maakt en misschien ook wel anderen. Het kind dat speelt omdat het spelen wil. Niet vanwege iets of wat. Vandaag de tol, morgen het springtouw.

Zo voel ik het. Daar op die plek is niets belangrijk. Niets is jong en niets is oud. Het is niet zo laat en ook niet zo vroeg. Het zijn geen opgedrongen uren, maar uren die leven als de takken van een boom. Het is een spel dat roes wordt. Wat is dwaasheid? Ben ik weggedanst uit de tranen. Is dit het licht dat na het donker komt? En was ik al zo vroeg bedroefd dat ik zocht naar de grap toen ik nog maar een kind was? Nog altijd sta ik op de stoomcarrousel van de avond. Ik weet van geen ophouden omdat ik ook niet wist van een beginnen.

Zo is het goed.
Dank U wel alstublieft.

Tralala

Alle overbodige tralala,
al het onbenullige klatergoud,
al de poeha en de humbug
waarmee we het leven versieren,
zijn het doodsimpele gevolg
van de waarachtige waarheid
niet te kennen.

Ik leef

Wat wil ik
met m'n kleine denken
en m'n grappen
wat wil ik met m'n moede handen
m'n lachen
met m'n gele tanden
m'n lopen
met m'n lamme benen
ik wil weer liggen
in de halmen
en in de stilte
op de dijk
en naast de fiets van haar
de ogen richten
naar 'n nieuwe kijk
'n kijk naar licht
dat eerst
mijn moede ogen pijn zal doen
maar dan herleven zal in groen
in vlinders en in bloemen
ik zal weer namen noemen
van heiligen die 'k vergat
van clowns die ik aanbad
ik ben weer blad
van boom en land
en vrucht van tak
en pak
opnieuw je lieve hand
die altijd open is en warm
en een erbarmen kent
dat oeroud en vergeten is
dat drinken, leven, eten is
en ademen
van hier tot amen
het lieve leven samen
met kop en kont
en onuitsprekelijk wijd
ik leef opeens
met heel mijn ziel en zaligheid

Liedjes

LIEDJES MAKEN M'N lichaam licht en m'n geest jong. Als 'n vogel hoor ik m'n stem om mij heen fladderen. 'n Beetje bewusteloos ben ik als ik zing, 'n beetje weg, maar waar ik ben kan ik niet zeggen. Ik voel niet meer wat m'n lichaam doet, mijn armen en benen dringen niet meer tot me door. Ik zet niets in beweging. Dat doet het zelf. Of de muziek misschien? Of het licht? Of de mensen die naar me kijken? Ik heb geen idee.

Muziek doet iets met me, ja, zelfs iets lichamelijks. De klank rolt over je heen, rolt als water over je lijf. Warm behaaglijk water, of je drinkt de klank op als wijn. Je wast er je haren mee. De kracht van het onzichtbare en het onraakbare raakt je aan en het is alsof je de muziek toch grijpen kunt met je handen en weer weg kunt gooien, de lucht in als confetti, serpentine, of gewoon als een handvol verdriet. Je kunt huppelen als 'n zot als het ritme je raakt. Je kunt ook op ritme gaan zitten en dan strelen de noten je gebeente.

Als ik in 'n liedje ben, ben ik er helemaal in. Ik doe de deur achter me dicht en leef er even in en wil het beleven van de ene noot naar de andere, van de ene lettergreep naar de andere. M'n adem, m'n hartslag, van kop tot teen ben ik ergens in. In 'n ruimte die ik niet ken, maar van zo'n intense warmte. Ik ben er aan verslaafd. Is dit bezieling misschien?

Als ik zing gebeurt er iets met me wat ik zelf niet gebeuren laat en toch gebeurt het. Op die plek daar midden op die bühne. De witte cirkel van de spot grijpt je bij je lurven en je laat maar met je sollen. Mooi!
Ik koester mijn lieve geheim.

Nieuw

dit is het blad dat valt
het onmiddellijke
het onverbiddelijke
eensklaps ben ik 'n ander
niet schranderder
of extra sluw
ik krijg opeens die ene duw
en 't is gebeurd met mij

dit is het einde van 'n weg
er is geen verder meer
hier sla ik af
zo af als af maar zijn kan
ik doe dat niet zo helemaal vanzelf
er is iets in mij
dat mij stuurt en leidt
en vasthoudt bij m'n hand
en in m'n hoofd iets fluistert
waar mijn ziel naar luistert
ik kan niet anders meer

wat was
is plotseling over
en voorbij
ik ben heel anders mij
heel anders

in dezelfde huls
noem het impuls
of openbaring
voor mijn part noem je 't nieuwe haring
't zal mij 'n zorg zijn hoe 't heet
of hoe het kwam
of wie het deed

ik ben weer nieuw
ik ben weer kind
ik voel dat iets beginnen gaat
't is of m'n voeten sneller gaan en meer bewust
of iemand mij voortdurend kust
en of mijn handen warmer zijn
mijn stem veel voller klinkt
of er iets boos
voorgoed in mij verdrinkt
en nooit meer boven water komt
of uit mijn vage vroeger
nu 'n helder later komt

Ik wil

IK WIL NIET op een sokkeltje staan en roepen: 'Kijk ik es!'
Ik wil er af stappen en een liedje fluiten met m'n voeten in het gras, bil-
jarten in het café op de hoek en wandelen in de dorpsstraat, langs het
kleine witte huis waar op de eerste verdieping iemand gebrekkig speelt
op een accordeon.
Ik wil de heuvel aflopen naar de stille beek, op het bruggetje staan en
kijken of er nog forelletjes voorbijkomen.
Ik wil ruiken aan het geurende hooi als een tevreden oud paard, maar
wel mijn eigen paard opschrijven op mijn kladblokje. Verder dan klad
wil ik niet, niet mooischrijven, dik en dun zoals de meester schreef op
het zwarte bord van de dorpsschool.
Ik wil meelopen als de processie door het koren gaat en met de rozen-
krans in de hand kijken naar de wolken en luisteren naar de vogels en
het ver-weg-kermismuziekje.
Ik wil stil zijn, zo stil als het was voordat het allemaal begon. Geen ap-
plaus meer opstapelen tot aan het plafond of een ridderorde ophalen bij
de ambassade.

Als ik de forellen zie gaan door de heldere beek, dan wil ik met ze mee
en nog wat blijven zwemmen in het vergrijsde water van het leven, maar
nu alleen de vrije slag. Niet meer naar de hoge plank, niet meer op kop.

Ik ben toe aan de dankbaarheid, maar niet aan de zoete mijmering van
'Het is mooi geweest'.
Picasso kocht nog nieuwe kleurkrijtjes toen hij al negentig was.
Dat zou ik ook willen: nieuwe kleurkrijtjes als ik negentig ben.
En opnieuw de plaatjes van de dag inkleuren tot opeens de hand vanzelf
stil blijft staan op het papier.

Sokkel

er zijn geen sokkels
alles is verbeelding

ik sta onder de wolken
ze staan stil of ze drijven

dat wil ik ook

niet weten
en stilstaan of drijven

het leven is mooi

Komediantentuin

THEATER, DE SPEELPLEK van de kinderen die hardop dromen, de komediantentuin. Hier is het 'doen alsof' tot kunst verheven. Hier wordt het leven drama-ma. Het echoot langer dan het is.

Hier spelen de gespeelde tranen met de gespeelde smile. De big smile van de clown die weet dat ie over zijn eigen schoenen valt en altijd zijn hoedje wegschopt met de punt van zijn schoen als hij het grijpen wil.

Hier staat de angry young man de wereld te verbeteren met het gebral waar hij zelf niet in gelooft.

Dit is de luxe leugen met een zijden strik erop en in het diepe donker luisteren de grote kinderen naar wat weer andere kinderen hebben bedacht om het spannend te maken.

Er wordt gesnotterd, maar achter het doek staan de doden weer op en gaan nog even naar het cafeetje aan de overkant en in de kleedkamer neemt Hamlet alvast een pilsje uit de koelbox.

Dit is het speelpaleis van de verstrooiing, de handel in vrolijkheid, de handel in leven dat nooit leeft en de dood die nooit gestorven is.

Dit is het deftige hol van de fantasie, waar ballerina's zweven tot in de nok en de heldentenor zijn longen leegspuit tegen de barokke rand van de galerij.

Hier kun je een speld horen vallen als de voordrachtskunstenaar spreekt over de honger van de kinderen voordat hij gaat rijsttafelen.

Hier op deze planken gebeurt nooit iets echt en daarom verstrooit het ons, want hier kan ons niets gebeuren.

Hier zitten we met duizenden kuikentjes onder de veilige kloek met muziek. De lampjes gaan op tijd aan en uit, het orkest zet in op het juiste moment en houdt ook op op het juiste tijdstip, want we moeten onze jassen nog halen en de wagen staat zo'n end weg en eigenlijk willen we alleen maar naar bed met iemand die echt van ons houdt en echt in onze armen ligt.

Neurielogie

DE ZAAL WAS goed gevuld, maar toen hij moest zingen, was hij plotse-ling zijn stem kwijt. Hij begon te neuriën en dacht: misschien komt mijn stem wel terug onderweg. Maar ze kwam niet terug en hij bleef verder neuriën. Na het eerste lied kwam er een soort beleefdheidsap-plausje. Het tweede, dat een zeer verstild stukje was, zette hij wederom neuriënd in en het klonk aanmerkelijk mooier dan het eerste. Dat gaat goed, dacht hij, en neuriede voort.

Gaandeweg bracht hij in zijn geneurie velerlei nuances aan. Hij proefde de haast onhoorbare pianissimo's op het puntje van zijn tong en zijn neus begon te trillen als er een forto kwam.

Tijdens het derde liedje ontstond er in de zaal een ongekende rust. Lied-jes zonder woorden kregen een eigen betekenis; het ging nergens over en toch ergens over; het ging eigenlijk over van alles en nog wat. Je kreeg in je oren niet de voorgeschreven tekst, maar je hoorde wat je er zelf van wilde maken. En de zanger neuriede voort.

De avond werd een groot succes en in de pauze sprak men enthousiast over deze min of meer avantgardistische happening. Het bleek de eerste stap te zijn geweest voor een neuriecultuur. Uit alle delen van het land meldden zich neuriërs en neuriesters op het zangpodium. Het werd een rage. Mondiaal kwamen de neuriegroepen als paddestoelen uit de grond.

Het publiek ging in groten getale geloven dat teksten overbodig waren en wat was te voorzien gebeurde: ook de spraakzaamheid van de massa zelf nam af. Zelfs de verliefden neurieden tegen elkaar wat ze te zeggen hadden.

Neurielogie werd een studie en bracht aan het licht dat de menselijke stem, zonder woorden, in louter klanken, meer mogelijkheden heeft. Het neuriën groeide uit tot een enorm klankmozaïek. En de zanger die er zijn beroemdheid aan te danken had zei: 'Zo zie je maar dat kleine oorzaken soms grote gevolgen kunnen hebben. Wie wat verliest heeft wat!'

Carnaval

HET EI IS gebroken en loopt voor gek door de dop en door het eiwitte gezicht van de clown breekt de brede lach van de banketbakker heen.

De straat breekt open van het hoempageweld en de bonte honderdduizendpoot davert zijn marathondans op het dwarrelende serpentineplein waar Emile, de zoon van de drogist, struisvogel is geworden en met alle carnavalsgeweld het jonge hart heeft gebroken van Cleopatra-Mia, die barrevoets en met bobbelende borsten achter de praalwagen van de melkfabriek aantoetert. De klotsende zee van zotternij en muziekgedaver slaat hoog op tegen de stomme huisdeuren. De uitgelaten alles-mag-metamorfose heeft de piccolo tot sousafoon verheven. De mus is nachtegaal geworden en de aannemer heeft zijn vierkante vingers in prinselijk witte handschoenen gestoken met in de ene hand de scepter van zilverpapier en in de andere drie bloedrode mandarijntjes.

Alles wuift naar alles, alles omarmt alles en niets is alles geworden omdat alles niets is.

De stijve koster die altijd kaarsrecht in de processie loopt, hangt nu als gesmolten kaarsvet aan de tap in café De Vogelstruys en de pastoor is vleesgeworden in de blije blotterikkenzwerm van de majorettes die hun daverende dijen opwerpen tot aan het plafond. Het gespleten volk van de kleine jaloezie en de stiekeme roddelpiep is plotseling stoet geworden van honderdduizend handen op één buik, één flexibel snoer van 'we gaan nog niet naar huis', en zo bulkt de karavaan der grote kinderen langs de glimlachende basiliek, zo dansen de knieën zich kapot en voelen het niet, omdat stenen water zijn geworden.

De druppel is rivier, de armen zijn wuivende palmen, de ogen zijn vonken, de lippen kussen en het hart is het allemans- en allevrouwshart van vergeven en vergeten.

Dit is de grote losloperij van lekker de beest uithangen. De façades vallen om, de dijken zijn gebroken in een onbeschrijfelijke kakofonie van de eindeloze vive la vie-kreet, die door blijft denderen tot diep in het holst van de nacht, waar in het ochtendgloren uit het robuuste tumult de stille weemoed weer binnenkomt van alledag. Als de schoonmaakploeg de bonte scherven die geluk brengen weer opraapt van de vermoeide confettistraat.

Het

Ik zag het aankomen.

Het kwam regelrecht op mij af.

Ik had er wel trek in eerlijk gezegd.

En ik liet het over me heen gaan.

Het beviel me best.

Eigenlijk vond ik het heel lekker.

Ik liet het nòg maar eens over me heen gaan

en nòg maar eens.

En toen zei het:

'Zal ik nog maar eens over je heen gaan?'

Ik zei:

'Nee, zo is het mooi geweest.'

Masker

Dit is het grote carnaval
van levenloze leuzen.
het masker kijkt het masker aan
de dwergen zijn de reuzen
de glitterdomheid loopt voorop
en hupt met 'n corrupte pop

wat licht lijkt, dat is duisternis
want niets is, wat het waarlijk is
't is louter fake en haat en nijd
de dans is leugenachtigheid
doorheen de blije deun van 't bal
schijnt 'n verfomfaaid tranendal

Babbelen

'LANG NIET MEER gezien,' zei ze door de telefoon.

'Te lang,' zei ik.

'Zal ik morgen naar je toe komen en zullen we dan samen 'n uurtje babbelen?' En we babbelden. 'n Uurtje was niet lang genoeg. Eerst babbelden we over of er sneeuw zou komen ja of nee en toen opeens over Rostropovitsj, de beroemde cellist, en toen begonnen we een nieuwe wereld op te richten en toen had ik het over m'n stem, dat ik zo bang was om m'n stem te verliezen, we hadden het over kiezel op het pad, dat die zo kraakte en dat ik dat zo'n aangenaam geluid vond. En zij vond juist dat gras zo aangenaam was en dat gras niet leuk zou zijn als het zou kraken zoals de kiezel deed. 'Alles is, wat het is,' zei ik. Mijn broer zei altijd: 'Ik ben nou eenmaal zo,' en daar werd ik altijd driftig van, want dan zei ik: 'Maar misschien zou je ook wel anders kunnen zijn.' We lachten en ik dacht aan vroeger en zij ook. In de verte speelde de brassband van de Royal Air Force. We hadden het over angst, dat alle mensen angst hebben, of dat de angst ons heeft, omdat we hem te laat opmerken. Zij vond de Oakroom van de Plaza in New York zo'n heerlijke plek, en we hadden het over warme mosselen in 'n cafeetje in Maastricht. Ik zei dat ik te gedisciplineerd leefde, mezelf telkens opdrachten gaf en ze dan ook coûte que coûte wilde uitvoeren. 'Je moet de dingen loslaten,' zei ze, 'ik werk ook hard, maar soms gooi ik alles weg en begin weer helemaal opnieuw.' En we babbelden en we babbelden en we gooiden dingen weg en begonnen weer helemaal opnieuw. Eigenlijk hebben we geen zinnig woord gezegd, heel af en toe 'n diep zinnetje, maar dat viel als 'n los steentje in het bubbelende babbelwater. Toen ik haar naar de deur bracht vond ik haar nog liever dan toen ze kwam en toen ik de deur achter haar dicht deed, vond ik het jammer dat ze weg was. Even zat ik alleen in de kamer en toen kwam het gesprekje over de meikersen terug. Aan ieder oor .... twee. Toen ik nog even uit het raam keek, zag ik haar aan het eind van het kiezelpad langs het witte hek fietsen. Jammer, waarom is ze niet langer gebleven, waarom heb ik niet gevraagd: 'Zullen we samen wat gaan eten?' Nu ze weg is voel ik opeens hoe goed het is om af en toe zo maar wat te babbelen, met los zand te spelen. Babbelen is mooi en is meer dan je denkt. Je hoort het aan de klank van het woord: 'Babbelen', ''n beetje babbelen' 'n woord met drie bee-tjes en één el, maar die moet je niet te dik maken.

Bron

ik
dacht

telkens
als
ik
iets
verzon

ik
ben
het
water

niet
de
bron

Druppeltjesgewijs

HET IS ZOMER en kwart over zes in de morgen. Een formidabel onweer is juist opgehouden en ik heb de ramen van mijn slaapkamer wagenwijd opengezet, omdat ik dan het zalige gekletter van de regen beter horen en de geur beter opsnuiven kan.

O, ik wilde dat ik als kind ieder blad van de boom had leren kennen, de aren van het koren, de halmen van het gras.
Alle wonder had ik willen ontdekken, maar ik wist niet dat er wonder was.
We dachten thuis dat eten en drinken belangrijk was en dat je niet mocht blijven zitten op school.

Nu om kwart over zes op deze zomermorgen met de regen aan mijn raam weet ik wel beter. Het wonder dringt stilaan tot mij door.
Druppeltjesgewijs.

Fontein

Druppels
grote en ook kleinere
zie ze
op het plein fonteineren
zie ze sprankelen,
krinkelen, sprinkelen
en in 't blije zonlicht
twinkelen

Druppels
cirkelig en ovalerig
bol en dol
en zonnestralerig
dartel spartel
hi ha holerig
blijerig, vrijerig
en frivolerig
midden op dit zomerig plein
o, wat fijn fontein te zijn

Niets

Het maakt mij soms een beetje bang

ik leef nu al mijn leven lang

van wat anderen voor mij deden

en voor mij hebben gebeden

ik schrijf, ik wandel en ik fiets

verder doe ik vrijwel niets

Zondagmiddag

HET WAS ZONDAG en van dat nietszeggende weer.

'Laten we er een zacht middagje van maken,' zei Stef toen hij de kamer binnenkwam waar Erna op de sofa lag te lezen. Ze glimlachte. 'Heb je het tegen mij,' zei hij, 'of lach je tegen iemand uit het boek?' 'Nee tegen jou,' zei ze en las verder. Stef was op zijn manier afwezig. Hij sopte zijn wijsvinger in het aquarium en wist eigenlijk niet waarom. Ook stond hij nog even voor een schilderij zonder het te zien. Toen zei Erna: 'Zacht middagje, hoe bedoel je?' Op zijn beurt gaf hij nauwelijks antwoord en bladerde in *Le Fou Crépuscule* van Jean-Marie Pouffe. 'Ja, een zacht middagje.' Zij keek even op en zag dat hij bladerend in *Le Fou* ging zitten in de grote beige fauteuil en meteen onderuitzakte.

De stilte die toen viel was geen echte stilte, want hoewel ze beiden lazen, dachten ze aan elkaar. Een zacht middagje, wat zou dat zijn...?

Stef was de eerste die de pocket dichtsloeg. Hij ging naast haar zitten op de sofa en betreurde het een beetje dat zij haar lange mooie benen weer zo dichtgespijkerd had in die blue jeans. Hij voelde met zijn rechterhand in haar broekspijp tot hij niet meer verder kon, toen trok hij zijn hand weer terug, nog even krabbelend op haar enkel. Wat mij betreft, dacht hij, kan nu het zachte middagje wel beginnen. Het begon.

Dat wil zeggen, vanaf dit moment kan ik met mijn pen alle kanten op met de liefde. Ik kan er een duet van maken, waarbij de ene zachtheid in de andere zachtheid stroomt, waar lenteregen stroomt op lente-aarde, waar armen zich verstrengelen als bloemen en monden gelukzaligheid fluisteren, mooier dan de dichters kunnen dichten. Ik kan er ook een lomp verhaal van maken van gerangschikte vulgariteiten waar de lezers banaal heet van worden als tomatensoep. Ik kan stoer doen met geslachtsdelen en kutkreten roepen om indruk te maken en het botte vuur aan te steken in wie het lezen. Maar ik denk dat ik zal kiezen voor het bladstille verhaal van de halfgesloten ogen, de sprakeloze taal en de zachtheid van de zwijgend strelende handen.

Geluk

Mensen kunnen over geluk zoveel hoogdravende dingen zeggen.
Over wanneer je gelukkig bent en wanneer je het niet bent.
Maar wanneer je niet meer voelt dat op 'n koude winterdag
'n lekkere warme kop soep ook al iets met geluk te maken heeft,
dan ben je naar mijn idee het gevoel van geluk al een beetje kwijt.

Winkelstraat

IN DE VROLIJKE stad is alles te koop. Ook het vrolijke. Zelfs met een jaar garantie. En dáár word ik nou net een beetje treurig van. Alles wat wij doen beweegt tussen blij en droef. Oók de winkelstraat. Op de hoek haalt de shoeshine-boy met zijn toverdoos en zijn snelle wollen poetslap het slijk van je schoenen dat je er op de begraafplaats aan hebt gelopen. De verdrietige plunje die je aan had toen je zo in de rats zat, kun je kwijt aan de overkant. Daar staan etalagepoppen die jou voorstellen, achter de spiegelruiten. Daar hebben ze kletsmajooruniformen, babbelkousen en reukwater en je kunt er je eigen bleke snuitje laten opkalefateren met zachte wrijfhandjes en hete dampende doekjes. Vingertjes gaan snel door je haar en knipschaartjes knippen je dorre takjes eraf en het oude haar wordt weggeveegd in een luikje in de vloer, als je weer splinternieuw naar buiten stapt.

In de winkelstraat is alles mogelijk. Er zijn toverhuizen waar je je verdriet afgeven kunt in de garderobe en wide-screenkomieken die je ellende even opbergen à raison van een paar tientjes. Hier woont Sinnieklaas huis aan huis. Zeg maar wat je hebben wilt om gelukkig te zijn, om nieuwer te zijn als je je eigen spiegelbeeld zat bent.

Hier staat die mooie gezellige tafel met die lamp erboven die je huwelijk redden kan, dan praat Piet misschien weer onder het eten. 'En wat dacht je van dit bankstel?' 'Ik wil zo graag dat thuis weer alles goed gaat.' 'Kan ik dat hier kopen?' 'Ja, dat hebben we!' De Bijenkorf heeft het en C&A is tòch voordeliger.

Hier spoel je het oude weg. Heerlijk helder Heineken. 'O, deze exoti-sche palm voor in de gang, Annie, zullen we het doen?'

Hier spelen de fanfares van nieuw geluk op grijsgedraaide CD-tjes en flatteuze geluidsboxen. Hier is alles goedkoper dan daar en beter en lan-ger en dikker en ruimer en vetter en zoeter en schoner en het ene schreeuwt tegen het andere op. In deze straat van chaotisch verlangen en kinderlijke hebberigheid.

'Ach, juffrouw Arensen, er zit al de hele week een blinde man voor onze etalage, zou die niet weg kunnen?'
En de blinde man gaat weg en de zienden strompelen voort en verdrin-gen zich voor de kassa's in de cakewalk die mensen dromen doet van niets, van suikerspin en rookwolk, het aquarium met de plastic visjes, de piano zonder snaren, de vlaggestok zonder vlag, de kop zonder staart, het verstand zonder hart.
De krullenkraam van de verbeelding.

Wereldbeeld

DE MEESTEN VAN ons hebben ergens in hun huis een klein raam. Het is kleiner dan alle andere ramen van het huis en toch vertegenwoordigt het de wereld, want door dat raampje zien we dagelijks wat er in de wereld geschiedt.

De meesten van ons zal het duidelijk zijn dat dit uiterst bekrompen kameruitzicht op de wereld niets voorstelt. Wat het nieuwsdametje of het nieuwsheertje professioneel onbewogen ons de kamer in vertelt, bij plaatjes van velerlei aard, is maar een kruimel van het leven, of van het drama dat zich per dag op deze aarde voltrekt. Die paar bewegende prentjes die door enkele nieuwsbureautjes onze kamers in worden gecommandeerd, geven op de keper beschouwd geen enkel beeld van de wereld van nu. Zij bepalen zich tot het aanraken van enkele gebeurens, terwijl zij zich net zo goed hadden kunnen bepalen tot het aanraken van tegenovergestelde gebeurens. Want er gebeurt zoveel. Dat kan zelfs een rap en clever nieuwsbureautje niet in een kleine spanne tijds melden.

Ik wil alleen maar zeggen dat wij, als we spreken over onze wereld, niet weten waar we het over hebben. De een heeft wat meer gegevens over het ene en de ander heeft wat meer gegevens over het andere, maar er bestaat geen algemene kijk op wat er in deze wereld gaande is en het lijkt mij ook onmogelijk een manier te verzinnen waarop dat wel zou kunnen.

Mensen kennen hun wereld niet. Je kunt er over lezen, je kunt er doorheen reizen, van hot naar her, als je tenminste tijd en geld hebt om te lezen en om te reizen, maar het merendeel van de mensheid heeft dat niet en ook al zouden ze daar wèl de beschikking over hebben, dan nog komt een mens nooit aan de weet wat er allemaal op deze aarde gebeurt. Daar is de tijd van leven te kort voor.

Toch matigen wij ons uitspraken aan over landen en streken die we niet kennen en over volkeren die we nooit hebben ontmoet. Wij noemen ons wereldburgers en aardbewoners terwijl daar in de verste verte geen sprake van is. Als er plotseling grote omwentelingen plaatsvinden: opstanden, oorlogen of andere strubbelingen, strijd in velerlei vorm, maakt de grote massa die dingen alleen maar mee van horen zeggen. In vele gevallen weet men zelfs niet eens wat er aan de hand is als men er zèlf bij betrokken is.

Ik weet niet of we er iets mee opschieten te weten wat er allemaal in deze wereld te koop is. Zolang het denken over onze wereld gedicteerd wordt door handige marchandeurs die alleen maar begaan zijn met hun eigen voordeel en er geen sprake is van een wezenlijke bewustzijnsverruiming, komt 'het mondiaal denken' mij absurd voor.

Ik word al moe als ik er aan begin te denken.

Broeder Jan

HIJ WAS BIJ ons thuis, een oude monnik met een eerbiedwaardige witte baard en nog gehuld in de klassieke monnikspij. Dat zijn de dingen die je het eerst ziet, maar doorheen zijn indrukwekkende uiterlijk straalde de hartverwarmende liefde van een volwassen kind dat in ieder woord, in iedere oogopslag en in ieder handgebaar iets uitstraalt dat niet van deze wereld is. In hem heb ik voor het eerst gezien dat God in mensen woont en zich daadwerkelijk vertoont en verklankt in blikken en woorden, in luid gelach en in stilte.

Hij droeg de mis op aan de grote houten tafel waaraan wij meestal zitten en nu zaten we er met een man of zes omheen. Eerst haalde hij uit een oude boodschappentas een wit-beige gewaad, gooide het over zijn hoofd alsof het niets was, hoewel het heel veel was en ging zitten achter de houten tafel. Een kleine houten beker had hij meegenomen en ook wat wijn in een klein flesje. Hij brak wat brood en legde het op een mooi dun schaaltje. De eenvoud van deze dingen was van een indrukwekkende weelde. De handen die op de houten tafel het sobere witte spreitje met 'Kom Jezus' erop geborduurd uitspreidden, waren van een heiligheid die mijn ogen nooit eerder hebben aanschouwd. Toen alles gereed was, vouwde hij zijn handen, sloot heel even zijn ogen, boog zijn hoofd wat schuin en begon zacht wat zelf verzonnen zinnen te stamelen waaraan je kon horen dat ze regelrecht naar God gingen. Zoiets kan alleen als alles echt is en waar. Als de beleving van het gebed zo zuiver is en oprecht. Dan pas krijgen de woorden hun inhoud. Het was alsof God zelf zijn woorden aanraakte en hem zeggen liet wat hij zei. Er was geen enkele pose, geen gebaar, geen voordracht. Dit was de ziel van een mens die zijn lange leven heeft gewijd aan God en Hem zo dicht naar zich toe heeft gehaald dat hij zelfs met Hem lachen kan, want ook dat deed hij. Nu weet ik zeker dat de kracht van God zich manifesteren kan in mensen en dat de man van Nazareth de hoogst begenadigde mens was, die op deze aarde van zijn liefde getuigenis aflegde.

Toen hij met zijn autootje het tuinpad afreed stonden we met z'n allen in de deuropening en wuifden hem na.

Mijn ziel

Het was een mooie morgen in het voorjaar.
In de kamer bij de lindeboom zaten we
met z'n tweetjes aan het ontbijt.
Het was stil.

Opeens zei Rietje: 'Ik voel mijn ziel.'
De woorden vielen mooi in het begin van de dag
en even werd de stilte nog net iets stiller
dan ze al was.

Ik denk nog vaak aan dat moment.
'Ik voel mijn ziel'
is een van de mooiste zinnen
uit haar leven geworden.

Zelfportret

MIJN ZELFPORTRET IS vaag, nevelig, wazig onduidelijk. Het spiegelglas is beslagen. Het water waarin ik kijk is bevroren. Het penseel waarmee ik mik op mijzelf breekt halverwege af en het diafragma van mijn zelfkiek mist de goede instelling.

Ik zie mijzelf veraf heel af en toe. Dan wuif ik met mijn zakdoek naar mijzelf. Maar alles wat ik zie is een witte vlek. Dat zal dan wel de zakdoek zijn.

Soms spit ik met een voorzichtig schepje, om het niet nog erger te maken dan het al is, heel voorzichtig in mijzelf, maar er komt niets te voorschijn en ik heb niet het geduld en ook niet de moed om verder te spitten.

Misschien zou ik nog meer de kluts kwijtraken als ik mijzelf vond en mijzelf in de ogen keek. Misschien zou ik zien dat ik de tong uitsteek tegen mijzelf. Of de andere kant op wuif, waar ik niet ben.

Wuiven naar het raadsel. Roepen naar het geheim. Dansen met het onweetbare. Misschien zou ik dit soort dingen tegenkomen, opspitten uit mijn diepste zelf.

Nee, ik laat maar alles dicht. Ik laat maar alles vaag, wazig. Ondoordringbare nevel. Wie zegt dat ik zo nodig weten moet wie ik ben.

Zo is het goed. Ik ben het een en ik ben het ander. Nu eens dit en dan weer dat. Laat mij maar geloven in mijn onsamenhangende zelfportret van beslagen glas.

Houtskool

HOUTSKOOL ZIJN MIJN gedachten, houtskool, schilferend gruis.
Ze blijven niet kleven.
Ze zijn niet als de duidelijke olieverf,
die dingen zegt in vurig oranje, in Napels geel of Pruisisch blauw.
Het wit vind ik au fond het mooiste. Het smetteloze wit.
Niet krassen met het houtskoolstaafje op het witte vel.
Hou de verf maar vast in de haren van het penseel.
Raak het linnen maar niet aan.
Staar maar naar het wit en alles is er.
Laat de sneeuw liggen waar hij is gevallen.
Spreek maar niet uit wat je denkt.
Het geeft zo'n goed gevoel iets te bewaren.
Het hoeft niet uit je pen.
Je tong hoeft het niet aan te raken.
Is het onzienlijke niet mooier?
Het onuitgesprokene? Het onhoorbare?

Nee, ik wil de houtskool niet horen krassen.
Ik wil even zomaar wat zitten
en kijken naar niets en toch van alles zien
en luisteren naar niets en toch van alles horen.
Misschien zal het wel even duren
voordat het eerste denkbeeld wordt onthuld. Misschien is het opgetrok-
ken uit verdriet
en ademt het alleen maar stille weemoed.
Misschien is het zoet of doet het pijn,
is het teder of vulgair.
Juist dat niet weten wat het is is al zoveel.
Alles is verwachting en heimwee tegelijk.
Ik ben een houtskoolkind.
Een schets van iets dat misschien nooit uit de verf zal komen.

Ongehoord

Wat ik niet zeggen kan
en niet kan schrijven
zal ergens diep in mij
toch bij me blijven

Ongehoord
maar in een lieve duisternis
verbergt zich iets
dat meer dan woorden is

Zijn en wezen

'ACH, WIJ WORDEN niet begrepen', zei het kruidje-roer-me-niet. 'Mijn naam vertekent mijn wezen. Die van mij houden durven niet toe te tasten. Schoorvoetend steken ze hun handjes naar mij uit en wagen mij niet te beroeren. Pas als ze mijn echte geur opsnuiven, proeven ze de passie die in mij vlamt en dan roep ik met uitgestoken blad: Pak me maar, ik ben een kruidje-roer-me-wèl!' Zo is het. De egel heeft niet de scherpe ziel die hem tot bloedens toe wordt aangewreven. De vlinder is veel nederiger dan hij lijkt met zijn openslaande bovendeurtjes.

'Ze zien ons als een zootje grijze straatrovers, riepen de mussen. Maar wat voor de merel misschien brutaal lijkt, is voor ons mussen heel gewoon. Wij strijken rustig neer op het vrolijk spelende draaiorgel. Dat zie ik de meeuw niet doen. En wij zijn één pot nat. Want de mussen uit de paleistuin generen zich geenszins voor de straatmussen van het Waterlooplein.'

'Het is niet waar, roept de nachtegaal. Ik heb niet de kapsones die men mij toedicht. Ik ben net zo sociaal als de mussen, alleen heb ik nachtdienst en het is nou eenmaal zo dat sterren en maan flatteren en dat het ongecompliceerde licht van de dag toch net wat gewoner aandoet dan het miraculeuze donker van de nacht, maar zo ben ik gemaakt, om 's nachts te zingen.'

'Welnee', zegt de eik, 'ik maak misschien wel de indruk sterk te zijn omdat ik zo reusachtig ben, maar ik heb niets van een reus. Diep onder mijn schil ben ik een dwerg die de zachte fluisteringen van de zomerwind als liefkozingen ervaart in m'n takken. Ik lijk sterker dan ik ben, maar dat is alleen maar mijn gestalte.

Ik heb mijzelf niet gemaakt, ik sta rechtop in de wind, maar ik heb angsten als in het holst van de novembernacht de storm opsteekt als een gek. O, ik sta m'n mannetje wel, maar ik jank als een klein kind als ik zie hoe mijn makkers worden afgemaakt'.

'Ik ben maar een haar op de buik van moeder aarde', zegt de grasspriet, 'en ze zeggen dat ik zo nederig ben, maar daar geloof ik niks van, ik zou best wel eens méér willen zijn dan 'n spriet. Aan de andere kant denk ik wel es: waar de hoge stengels breken blijf ik staan, en bovendien is het een goed gevoel om ingedeeld te zijn bij het grootste groene legioen ter wereld. Nog geen tien centimeter bij mij vandaan staat een paardeblom, die is met haar gele hoedje veel opvallender dan ik, maar ze staat er helemaal alleen. Wij sprieten hebben veel meer aanspraak.
Jawel, we zijn groen, grasgroen, maar de zon kleurt ons een voor een anders. De spriet naast mij is anders dan ik. En dat wij groen zijn, allemaal groen, komt omdat het blauw van de hemel blauw moet zijn en het wit van de zwanen wit en het rood van de kersen rood. De ene kleur bestaat bij de gratie van de andere. En zonder mijn groen is de kleur van de aarde niet volledig.'

Zo liep ik wat te mijmeren en aan de rand van de vijver kwam ik mijn spiegelbeeld tegen. Ik vroeg mezelf: 'Ben ik de grap die ze denken dat ik ben?' Het werd me duidelijk dat ik iets heb van kruidjes-roer-me-niet, iets van de egel, de mus, de nachtegaal, iets van de eik, de spriet, de paardeblom en nog zoveel van weer ander leven.
Alles hoort bij alles.
Er zoemt geen hommel langs de hemel die geen deeltje is van het geheel.

Blad

Soms
denk ik dat
ik niets ben
en niets heb van
mijzelf . zoals een blad
van een boom blad is en meer
niet . nooit zou het blad bewegen
als de wind er niet was . nooit zou
het groenen als de lente niet zou komen
en uit zichzelf zou het niet verdorren of
afvallen naar de grond . zo voel ik mijzelf
een piepklein zelf waar allerlei wonderlijke
krachten mee spelen . ik denk dat dat leven is
dat mijn bewegen aangedreven wordt door een kracht
van een hogere orde . en dat ik in dat licht rijpen
zal en net als het blad af zal vallen naar de grond.
natuurlijk denk ik na en doe dingen die ik denk
te moeten doen . maar wat ik ook denk of doe . de
grote bewegingen in mijn leven kan ik niet zelf
bedenken en ook niet ontwijken en daarom spiegel
ik mij aan het blad dat zich overgeeft aan de
boom en aan de boom die zich op zijn
beurt weer overgeeft aan de
ruimte waarin hij leeft en
aan de oerkrachten
die hem
l
e
i
d
e
n

Hij

ALS HIJ KEEK naar haar handen wilde hij haar zien zo naakt als haar handen waren, hij keek door alles wat ze aan had heen, of ze met haar rug naar hem toe stond of niet, hij wilde haar lichaam zoals het was en hij kreeg het.

Maar hij heeft het weiland niet gezien in haar, waar de lieve gewone bloemen stonden en van het huis waarin ze samen waren zag hij alleen het bed. Hij kwam niet verder dan de schietschijf van de schietsalon. Hij hoorde alleen het vuurwerk dat spetterde als hij haar opdraaide als een speelgoedpop, en het gedaver van de geile opgepoetste woorden, goedkope saxofoonslierten met overbodige krullen die na iedere inzet abrupt weer ophielden. De lieve stilte in haar merkte hij niet op.

Zij was zijn kermistent, zijn mooie slaapzak. Zijn ding. En als een groot dom kind sprong hij op haar, niet wetend van haar glasheldere ogen, niet de zachtheid kennend van haar handen, niet proevend wat ze zei, bleef hij een bonk vlees met gulzig reikende botten. De bloemen die zij hem gaf liet hij doodvallen op de stenen. Hij was longen, nieren en een maag, ogen zonder hart en een huid die niets voelde, een mond die niets zei: 'n lul!

Nooit is hij een man geworden die in zijn overhemd stil in de zomeravonddeur van het huis staat, als zij over het groene hek leunt naast het fietsje met de drie kleine wieltjes.

Het leven

Het leven stoot je om en helpt je op,
als een horzel steekt het je
en het streelt je als je geliefde

Het versiert je huis
met de guirlandes van het voorjaar
en het doet je vluchten voor de kou

Het jaagt je angst aan
in het holst van de nacht
en zegent je
met de heldere genade van het morgenlicht

Het vult je hart tot aan de rand
met blijdschap
en doet je schreien als een kind

Het rumoert in je
met haar zinnelijke bombardon
en het fluistert je een schietgebedje in
als je aan sterven toe bent

O wonder
dat ik onnozele
dit grandioze leven leven mag

Kleinkind

THE NEW YORK SYMPHONY ORCHESTRA is maar 'n fluitje van 'n cent vergeleken met het geluid van mijn joelende kleinkind dat vanaf een hoge heuvel in het bos op haar kleine witgekouste beentjes naar mij toe rent en zich in m'n armen gooit. Regelrechte hemelvonken spatten om mijn oren als ze haar mondje op mijn wangen drukt. Zóveel violen als ik hoor op dit moment zijn er niet. Dit hosanna-kind jubelt mij door merg en been en om mij heen dansen de dennebomen van het bos en het is alsof de zon er nog maar een schepje goud op gooit.

Is dit wat wij geluk noemen? Dit kind in mijn armen. Die ogen zo nieuw, bij mijn ogen zo oud? Die paar kleine spartelende woordjes bij mijn bedachtzame gepraat? Zij wekt uit mijn stilte de toeters en bellen van het voorjaar op en samen met haar dans ik door het groen.

Zeg niet dat er geen engelen zijn, want ze zijn er wel. Hele trossen, hier en overal. Gelukkigmakende ogen die liefde losmaken diep in je binnenste. Liefde die zin en betekenis geeft aan je bestaan.

Als ik thuiskom na de boswandeling, zo vervuld van de kleine Githa, staat haar moeder al achter de glazen deur van de serre te wachten met op haar arm een engeltje van nog geen drie weken. Ze doet de deur niet open vanwege de tocht, maar door het glas zie ik meer dan genoeg. De Madonna en het kind. Een beetje Bethlehem in maart. Mijn dag kan niet meer stuk.

O kindje

o kindje
ik vind je
zo kindje

een elfje
een engel
een sintje

maar net nog
geen vrouwtje
en net nog
geen man

met net nog
geen denken
en net nog
geen plan

ik kijk
in je wieg
en ik lach

ik aai je
en zwaai je
gedag

Schaamteloos

Een klein blond meisje, net nog geen drie,
fietst op haar rood-witte driewielertje
vrolijk lalala zingend over het tuinpad.

Dan daveren plotseling boven haar hoofdje
twee straaljagers voorbij.
Schaamteloos.

Dit zijn de demonische dingen die door een
heel klein groepje mensen zijn verzonnen
maar waar de hele mensheid mee is besmet.

Ikke

ik heb de ik
de ik ikt in mijn strot.
de ik hangt mij mijn keel uit.

het struikelend ego
van mijn fnuikende ik.

ik ben het bestraffende ik
van mijn strafregels:
'ik mag niet liegen'
nooit te boven gekomen.

nu wil ik
geen ik meer zijn.
ik ben mijn ik zat.

nu wil ik eindelijk
ikke zijn.

Op sterven na

ALS IK OP deze zomerdag in de stinkende file tussen het demonische la-
waai van het barbaarse vrachtverkeer zit, waarin ik zelf ook mooi zit
mee te stinken, pal achter de gif blazende uitlaat van mijn voorganger,
daveren er plotseling, alsof er nog geen rotzooi genoeg is, vier beestach-
tig brullende straaljagers boven mijn fontanel en opeens zie ik weer die
doordeweekse dag met in de straten van mijn kindertijd de ongerepte
rust en de leegte. Ik hoor de melkbussen rammelen op de melkkar met
het paard ervoor, ik hoor het juuu juuu van de koetsier op de bok van
zijn rijtuigje en een handjevol fietsers ruist vrijwel onhoorbaar langs
mijn oor. Ik zie weer de zinderend stille zomerhemel, roerloos blauw en
zo oprecht menslievend met alleen vogels erin en heel af en toe drijft er
een dik brommerig vliegmachientje voorbij dat in zijn onbeholpen bot-
heid de lieve vlieger van vrolijk kleurig ritselpapier aan het schrikken
maakt. Ik voel een lief stuk heimwee in het achteruitkijkspiegeltje van
nu. Je moet ermee leren leven, zeggen we en horen de eigen domheid al
niet meer. Het virus van een zieke geest heeft het stille landschap aange-
stoken. Op sterven na dood.

Wij kleine mensen

WIJ KLEINE MENSEN, begenadigd met raadselachtige heerlijkheden, stijgen af en toe uit ons eigen ikje, maar zien algauw onze machtig mooie, onbekommerde fantasievlagen wegwaaien naar het nergens, omdat onze wereld zit vastgepind aan kortzichtige rekensommetjes. Sommetjes van: hoe kort, hoe lang? Mag dit, mag dat? En wie zal dat betalen m'n zoete lieve Gerritje?

Wij kleine mensen met onze daverende grootspraak en onze ontelbare wauwelende kwebbelbekjes van: 'Wij zijn het moe; Wij zien het anders; Wij zien het beter, dieper, kijken verder dan de neus lang is; Wij komen met een nieuwe wereld.' Vergeet het maar!

Wij kleine mensen zitten moegebrald en weer terug in ons eigen ikje uitgeput op de beddeplank van ons verlangen, hopend dat de zoete slaap ons hulpeloze harrewarhoofd rust zal schenken. En als we morgen weer ten strijde trekken komt het ene ik het andere ik weer tegen.

En dan gaat het weer om wie de hoogste ogen gooit en hoe lang het duurt en altijd weer om wat het kost en niet om de liefde. En ze vechten tegen de bierkaai, tegen de kassa, maar tegen 'wat het kost' is niemand opgewassen. Die wereld krijg je niet omver. Hij is opgemetseld uit geld-steentjes, uit hebberigheid voor de hebberds, uit macht voor de bezit-ters, uit rijkdom voor de groten. En de gespeelde amicalerie die de gro-ten aan de kleintjes willen verkopen, is te doorzichtig.

Voorop lopen de vooroplopers en die krijg je niet naar achteren. Zij hebben de macht en terwijl de kinderen omkomen van de honger stap-pen zij lachend uit hun limousine.

Als er geen zondvloed komt zal het altijd zo blijven. Zo corrupt als het nu is, zo leugenachtig en armzalig, zo kitscherig, zo leeg. Als er geen nieuwe ziel komt zo groot als de aarde die ieder mens bezielen kan met onbaatzuchtigheid en met andere vrede dan de vrede die wij nu vrede noemen. Als er geen godshand komt die ons allen samen innerlijk om-draait, dan blijft de wereldcup ongeveer het hoogste wat we kunnen be-reiken.

Voetbal

DE GROTE GRAP begint om half zes: Feyenoord – Ajax.

Ja, ik ga ervoor zitten. Ik wil het weer zien. De 22 bonte worstelaartjes, die spelen met de gestippelde bal op het groene gazon van het gevecht. Ik wil de lege netten weer zien bollen achter de verslagen doelmannen, en weer gespannen toekijken naar de witte palen van de zelfverzonnen magie.

''t Is geluk', zei Rietje altijd. Zo is het. Waarom rolt 't balletje tergend langzaam nèt tegen dat ene hoekvlaggetje?

Geluk of niet, toch wil ik ze weer lezen vanmiddag, de galopperende rugnummers. De rommelende voeten die trappen, schoppen en haken. De lijven die opspringen naar de hemel als het lukt, zich krommen van de pijn en als bomen met rooie broekjes aan, melodramatisch neerstorten in het strafschopgebied.

Ik wil weer bellen blazen, of ballen voor mijn part, twee keer drie kwartier. En dat willen nog vele miljoenen anderen. In de starre dans van het leven mag je je die quasi blije huppel wel permitteren.

Waarom zou je niet even zwaaien met het droomvlaggetje van de illusie? Ga maar 's uit je bol, ook al schrik je je half kapot van het snerpende geluidje van het fluitje van het meneertje in het smokinkje met de afgeknipte pijpen. Het zou wel 's een penalty kunnen zijn. O, die vermaledijde witte stip! Dat vervloekte witte schijfje waar de beslissing valt voor de Europabal.

De grote grap begint om half zes. Wat goed om even weg te zwemmen in het lauwe water van deze georganiseerde flauwekul, om daarna met schorre keel weer het glas te vatten, of warme soep te eten in de avond.

Schrijfster

ZIJ IS NEDERIGER dan nederig. Dubbelop. Een dwergkabouter in haar anonieme woud. Naast de pronkpauwen van de literatuur die in hun dikke ik-wolk over het Leidseplein drijven, zit ze als een tenger musje op het terras van Americain. Voortdurend verblijft ze in de sobere cel van haar bescheiden ziel. Maar zij kan de prachtigste bloemen neerschrijven op haar witte bed dat nooit iemand ziet. Zo klein is ze geworden in zichzelf.

Is ze geschrokken van het bombarie-geweld van de groten die zelfverzekerd hun poeha-pen regelrecht in de roos mikken? Hebben de superhandige woordjongleurs haar schuw gemaakt, de schrijfvirtuozen, die met een computerachtige snelheid de stadions in vervoering brengen en uitgekookte dansjes dansen op het Boekenbal?

Ik weet niet wat haar zo nederig heeft gemaakt en dit jarenlange stilzwijgen heeft opgelegd. Het stille geheim omzweeft haar verfijnde gelaat met de donkere ogen, maar vrijwel altijd speelt er een glimlach rond haar mond. Zou het de glimlach zijn van haar verborgen wijsheid? Heeft ze de kroonluchters van het bal doorzien en raakt de tango haar niet, die haar zou kunnen opvoeren tot een eigen TV-programma?

Ontroerend zit ze daar, de mooiste bloem uit het perk, in haar majesteitelijke onopvallendheid. Geen gehoor gevend aan de roep van de populaire goudvogel.

Ja, ik geloof dat ze wijs is en oprecht zichzelf, wars van elke vermomming. Zo is ze gelukkig in de lange rijtjeshuizenstraat waar ze voorzichtig 'dag' zegt tegen de buren en vanuit haar kleine raam kijkt naar de wereldcarrousel van de steigerende paradepaardjes.

Dichter

HIJ HAD HAAR in geen jaren gezien, de zee. Nu stond hij weer boven aan de dijk en rende naar beneden het strand op tot aan de schuimende branding, om daar weer opnieuw dezelfde sprakeloosheid van toen te ondergaan. Hij keek en zag. Hij luisterde en hoorde. En zijn hart was van de zee. Hij wilde de zee opschrijven, op muziek zetten, of haar schilderen. Hij wilde iets van hem aan haar geven, opgaan in de golven van het denken en de verstrengeling voelen met haar immense kracht.

Hij ging met zijn opschrijfboekje zitten in het zand en ook al kan een enkel woord soms meer zijn dan honderd meters zee, het lukte niet. Ongedurig stond hij op en liep voort in de wind. Zijn malle zomer-hoedje dat al een paar keer was afgewaaid had ie opgefrommeld en in zijn dunne regenjas gestoken, maar zo wild als zijn haren wapperden, zo stil bleef het in zijn gedachten. Hij vond geen zin, geen woord om te beschrijven wat hij zag. Noch de wind, noch de wolken, noch het opstui-vende zand kon hij opschrijven. Het lukte niet. Wat was dat toch? De felle, soms barokke zinnen die hij anders zo gemakkelijk neerschreef, bleven liggen op de bodem van zijn ziel. Nog één keer ging hij wijd-beens met de handen in zijn zakken voor het onafzienbare water staan, maar wat zijn ogen ook zagen, de beelden bereikten zijn innerlijk niet. Hoe kwam dat nou?

Ineens wist hij het. Hij stond nog steeds in de gang van het huis dat hij zojuist had verlaten, waar Anneke, voordat hij de deur achter zich dicht trok, haar T-shirt optilde en hem haar blote buik liet zien. Haar naveltje was sterker dan de zee.

Woorden

MISSCHIEN IS WAT ik je zeggen wil te teer voor woorden.
Die paar zinnen die ik je zeggen wil zijn van het dunst geweven glas.
Er hoeft maar iets fout te gaan en ik zou met stomheid zijn geslagen.
De woorden die ik je zeggen wil zijn misschien wel te fragiel om in de
mond te nemen, waarmee ik mosselen eet en zure haring.
Wat ik zeggen wil tegen jou, is lichter dan engelenhaar.
Je oor zal het niet horen als je niet luistert met je hart en ik zal ze niet uit
kunnen spreken als ik het alleen maar met mijn mond doe.
Hoe zacht is zacht?
Is het misschien niet mogelijk de woorden die ik zeggen wil uit te spre-
ken? Moeten mijn gedachte zinnen misschien gedachte zinnen blijven,
te frêle om klank te kunnen dragen?
Ben ik bang?
Ik kijk naar je en zwijg.
Als je hoort wat ik denk heb ik je lief.

Opnieuw

ALS IK WEER jong zou zijn .... zou ik haar op
mijn beide armen het korenveld binnen dragen, zo-
als de bruidegom zijn bruid over de drempel tilt ....
.... en zo zou ik met haar door het koren gaan en
haar ergens neerleggen in de zon .... En samen
zouden we hout zijn op het vuur van de zon, bran-
den van liefde en ik zou haar eindeloos kussen ....
opnieuw zouden er vogels vliegen boven het koren
die wat roepen .... en opnieuw zou ver weg een
koperen fanfare het hallelujah van de liefde inzetten
dat eeuwig zou blijven echoën onder de blauwe zo-
merkoepel .... ik zou met haar willen
dansen op een wolk of in een klein café .... en
net als toen zou ik in de avond bij het diepe donker
van de bomen op haar wachten .... en haar even
later opnieuw in mijn armen houden .... en in
het licht van de maan haar ogen zien kijken met een
levensvol verlangen .... samen zouden we weer
fietsen langs de akkers en de velden .... en in
de kerk weer bidden voor wat we hebben misdaan
en weer hopen op een nieuw leven in ons allebei ....
en opnieuw zal er leven komen in kinderen en
kleinkinderen .en opnieuw zal ik zingen van wie ik
lief had zo mateloos .. o als ik jong was zou ik weer
oud willen worden met haar, zoals ik nu met haar
oud geworden ben .en opnieuw zou ik weten dat zij
in mijn herinnering altijd jong gebleven is . geurend
koren dat nooit werd gemaaid, maar rechtop blijft
staan in het licht doorheen de seizoenen ....

Living?

O verschrikkelijke kijk-ik-es-ka-mers met van die plattegronderige stiptheid en van een koel verzonnen mooi dat door één enkele bloem onmiddellijk zou worden overtroefd. Hier kijk ik zittend op het nietszeggende meubel in de trieste geordende leegte. Zij spiegelt zich in het tafelglas en in het keiharde staal. Wat krijg ik hier een heimwee naar boerenbont en vensterbank met geranium, hier tussen de protsstoelen en de irritante nikslampen, met vege tekens van lege schilderijen aan de wand, het veel te vaste kleed en de opzettelijke rode vaas. Ik wil hier weg uit dit witte dure niets. Ik kan duidelijk horen dat de mooie Steinway hunkert naar twee handen die hem

Ik wil hier weg!

Ik geloof niet één woord
van wat hier in deze ruimte
wordt gezegd.

doen zingen, maar die kille zwijgzaamheid omzweeft hem in deze airconditioned levenloze living die geurt naar het zielloze stalenboek.

149

Overal

MIJN ARMEN ZIJN leeg nu jij er niet meer bent en niemand anders past er in en zo is het met mijn huis, met de stoelen rond de tafel en met het bed.
En zo is het met de morgen, de middag, de avond en de nacht. Zo is het met mijn leven. Niemand anders past er in zoals jij er in paste.

Er zijn er die lief voor me zijn, door mijn haren strijken en lieve zinnen zeggen, ze geven me moed en licht in het donker. Ze maken mijn bed op en zien hoe leeg het is. Ze halen voor mij de appels uit de kelder en nemen een voetbalwedstrijd voor me op. Ze komen in dichte drommen naar het huis waar ik liedjes zing en ze klappen in hun handen. En er liggen bloemen in het voetlicht avond aan avond.
En toch... ook met de bloemen in mijn armen zijn ze leeg.

Maar vergis je niet, ik ben niet eenzaam, ik ben niet alleen.
Wel mijn lijf en mijn ogen, maar altijd zijn we samen.
Ook hier in de Kempen, in dit kleine hotel, waar we zo dikwijls sliepen in ditzelfde grote bed. Mijn groet aan haar is een gebed geworden. Niet dat ik bid voor haar. Zij doet het voor mij. Zij maakt het beter dan ik. Zij is uitgestegen boven onze menselijke hulpeloosheid.
Ik ben nog nergens.
Zij is overal.

Oostende

Hier in dit lieve hotel in Oostende,
waar we sliepen met de vensters open,
om ook 's nachts de zee beter te kunnen horen,
ben ik nu alleen.

Geen zee kan die leegte vullen.
Ik hoor de stemmen van toen op de drukke boulevard.
Het gekrijs van kinderen,
het blaffen van 'n hond,
'n vlaag van een muziekje.
Maar waar ben jij?

Kom mee naar mijn kamer,
naar het balkon,
waar nog die twee zelfde rieten stoeltjes staan.
Je ziet de tranen die ik schrei om jou
en ik weet dat je dat niet wilt.

Vergeef het me
en laat me even uithuilen
met m'n hoofd op je schouder
dan kan ik er wel weer tegen
en dan zal ik vanavond in het theater
zo mooi mogelijk van je zingen.

Zacht

zacht als bloemen is je glimlach
en je ogen zijn van bloemenblauw
zacht is je huid en je stem
je woorden geuren naar liefhebben, naar zorg voor elkaar
en zo zacht zijn ook je handen
die bewegen vol tederheid
niet gebonden aan maten, aan vorm of ritme
ze zijn onmiddellijke reflexen van de waarheid
zo zacht zijn je voeten
die door het zand gaan aan de zee
en zo zacht raakt de wind je aan
met een leven lang herinneringen
niets is hard, niets is luid
niets is hoekig, spits, of ruw
als water vloeit je zachtheid
in m'n handen
en ik drink het water op als wijn

Zee

Soms ga ik naar het stille strand
zielsverloren sta ik daar
en dan schreit de zee in mij
en ik schrei in haar

Stilstaan

stilstaan in je armen
en jij in mijn armen
samen stilstaan in vier armen
niets zeggen
niets horen
niet luisteren
alleen maar stilstaan in vier armen
niets denken
geen woord
leeg zijn
als een onbeschreven blad
en zo dicht bij elkaar als
twee bladzijden van een boek
jouw warmte is mijn warmte
en mijn warmte de jouwe
eindelijk samen
in het reusachtige geweld
van de stilte

Weemoed

stil steekt de zomeravond sterren aan
boven 't donkere weiland met de witte plekken
van koeien die verdroomd daar staan
node wil 'k van hier vertrekken

van deze geurend stille rust
de oude donkere appelbomen
hier waar mij zacht de weemoed kust
wie heeft mij hier naar toe genomen?

te zien wat je hier ziet
ik kan het niet beschrijven
stijgt boven blijheid en verdriet
ik wil hier nog wat blijven

Jouw huis

DIT HUIS IS jouw huis
en deze kamer is jouw kamer.
Er is geen plek in dit huis of ze is van jou.
Overal ben je.
Overal zie ik je
en in de tuin kom ik je tegen.
Daarom is dit huis zo lief.

Je bent hier maar één keer geweest,
toen hier nog andere mensen woonden.
Maar het is alsof je met eigen hand
huis en tuin hebt omgevormd tot jouw huis,
ons huis.

Theater spelen betekent zwerven van stad tot stad.
Slapen in vreemde bedden of door de nacht naar huis,
maar of ik vroeg in de morgen naar huis rij,
of de kiezel van het tuinpad kraakt diep in de nacht onder de wielen,
als de sleutel in het slot gaat,
kom ik thuis bij jou.

Nu ik hier weer zit, op deze zondagmiddag,
in de stilte van de kamer,
en de deuren naar de tuin staan wagenwijd open,
ben jij het licht in deze ruimte.
Ik kan je niet aanraken, maar ik voel je.

Jij bent dit moment en het uur van deze dag.
Je zit naast me op de bank.
Ik zie je door de kamer gaan.
En ik hou je kleine lieve handen
weer even in mijn handen.
De liefde blijft niet alleen
maar wordt nog meer van dag tot dag.

Stil gebed

hier kusten wij elkaar
hier aan de zee, mijn lief
het is niet eens zo lang geleden
nu sta ik hier alleen met haar
stil heb ik wat gebeden

Moed

Franciscus van Assisi heeft ooit gezegd:
'Wij hebben een bepaalde mate van moed nodig
om gelukkig te zijn.'

Wie het leven van deze begenadigde mens kent
weet dat hij de moed had om afstand te doen
van alles wat hij bezat.

Er is moed voor nodig om jezelf te vinden.
En nòg meer moed om in jezelf God te vinden,
zoals Franciscus dat deed.

Dood

'k Heb voor de dood al meer dan eens
een lief gedicht geschreven
ik neem hem wel eens op m'n schoot
hij hoort zo bij het leven

ik weet hoe bang ik was als kind
wat heb ik 'm geknepen
hij was m'n vijand, nu mijn vrind
nu heb ik hem begrepen

hij heeft me zijn geheim verteld
en zo ben ik m'n angst ontgroeid
voor mij is hij een open veld
waar hemelhoog het voorjaar bloeit

Kerkhof

Hier is niemand op dit kerkhof.
Niet boven de grond en ook niet eronder.
Hier zijn geen mensen meer.
Alleen hun namen.
Ik kan niet meer kijken in ogen die kijken naar mij
en geen hand vasthouden die mijn hand vasthoudt.
Ik hoor geen hart meer kloppen tegen het mijne,
voel geen lippen op mijn lippen.
Ik hoor in mijn oren geen enkel geluid,
geen vloek en geen zucht,
geen lettergreep die iets van liefde zegt.
Ze zijn hier niet de zielen die ik zoek,
m'n vader, m'n moeder, m'n vrouw,
m'n broers, m'n vrienden.
Ze hebben niets gemeen met de stenen dozen
die hier naast elkaar liggen,
waarop in het harde steen
hun namen zijn gebeiteld
in lieve lettertjes van zacht bladgoud.
'Hier heb ik niets te zoeken.'
dat zegt mij deze plek.
De kleinzielige ordening van de graven
is zoveel enger
dan de immense ruimte van het eeuwige.
Daar worden stenen melodie,
daar wordt aarde hemel,
daar wordt lichaam ziel,
daar wordt leven liefde.

Wonder

als ik in m'n eentje door 't landschap ga
met boven mij de wolken
zo gigantisch groot
en toch zo onhoorbaar stil

als ik alleen loop op het lege strand
en de schelpen kraken onder m'n voeten

als ik 's morgens in een mooie zomernacht
de ontelbare sterren tel

als de wind waait rond ons huis
en rammelt aan de blinden van de vensters
of als ie zacht de bloesemtakken wiegt
en het is alsof de appelbomen even sneeuwen

als ik alleen ben
een lieve winteravond lang
en de stilte komt op kousevoeten
mijn kamer binnen

als ik de regen hoor op het dak
of als ik vogels zie in het gras
die zich opheffen – zó hoog
en ik kijk ze na
tot ik ze niet meer kan zien

overal is wonder

overal is wonder

als ik sta in de stralende zon
met m'n pet in de hand
en ik speel met het licht
en het licht speelt met mij
en ik zie m'n schaduw
bewegen op het pad
dan beweeg ik mee met het licht
en dan beweeg ik mee met alle leven

er is wonder
ook in mij

de bloem in het gras
vergaat tot stof en as
maar niet de vlam onder mijn huid
ze gaat niet uit

het blad verdort
als het november wordt
maar niet de vlam onder mijn huid
ze gaat niet uit

ik ben meer
dan een lijf met kop en schouders
ik ben meer dan 'n romp op 'n statief
ik ben meer dan een kadootje van m'n ouders
je kunt 't horen als je zegt:
'Ik heb je lief'

Kom laten we stil zijn
en verder gaan
samen.....

(Slotmonoloog uit de Theatershow: 'Ik heb je lief')

Jouw stilte

vanuit
jouw
stilte
waaien
woorden
aan

zachter nog
dan
fluisteringen

zij doen mij
liefdesliedjes
zingen

ik kan ze
woord
voor
woord
verstaan

Index